Dile adiós
al sobrepeso
en niños y adultos

Rachel A Wood
Ediciones Afrodita

Temario:

Prefacio

Conseguir que su hijo o un niño que está cuidando coma sano puede parecer una tarea algo imposible. Los niños pueden ser muy quisquillosos a veces y, en su mayor parte, las verduras y otros alimentos saludables no ocupan un lugar destacado en su lista de preferencias. La buena noticia es que es posible hacer que su hijo coma alimentos nutritivos y saludables e incluso puede hacer que le gusten.

Gran parte del proceso para lograr que coma saludablemente es un proceso de prueba y error. Tendrá que seguir probando cosas nuevas y preparándolas de diferentes maneras hasta que se familiarice con las cosas saludables que le gustan y las que no le gustan al niño.

Hay muchos consejos y trucos que puede usar para que su hijo coma de manera saludable, pero muchos padres simplemente no los conocen. Debe utilizar tantos de estos trucos como pueda porque una nutrición infantil adecuada es extremadamente importante para el desarrollo del menor. Los niños que están desnutridos en sus primeros años tendrán problemas de salud notables en el futuro y pueden sufrir ciertas deficiencias como anemia. Estoy segura de que no querrá que su hijo tenga que pasar por algo como esto, ¡así que haz que coma saludablemente!

Capítulo 1
Nutrición infantil

La importancia de una nutrición adecuada

La nutrición infantil es muy importante para el desarrollo saludable de un niño. Lo triste es que muchos están desnutridos en el mundo actual y muchos de ellos se acuestan con hambre por la noche. Al mismo tiempo, hay niños por todas partes que se consideran obesos y su salud comienza a mostrar la evidencia.

Como se mencionó anteriormente, una nutrición adecuada es muy importante para cualquier persona, pero esto es especialmente cierto cuando se trata de la nutrición infantil. Esto se debe a que los alimentos que consume su hijo hoy tendrán un impacto directo en su crecimiento y su salud a lo largo de su adolescencia y vida adulta. Esto puede tener un impacto negativo o positivo, dependiendo de lo que consuma ahora.

Si desea que su hijo crezca grande y fuerte y también tenga una salud excelente, debe hacer su parte como padre y asegurarse de que su hijo obtenga todos los nutrientes que necesita. Esta tarea puede resultar algo difícil a veces, pero es importante que permanezca decidido y perseverante.

El siguiente capítulo repasará la importancia de nutrir adecuadamente a los niños. También se le proporcionarán algunos consejos y pautas que debe considerar seguir.

Si no ayuda a su hijo guiándolo hacia hábitos alimenticios más saludables, seguramente tendrá efectos negativos en su salud que notará más adelante en la vida. Brindarle a su hijo comidas nutritivas bien balanceadas ayudará a prevenir ciertos desórdenes alimenticios y otros problemas como anemia u obesidad.

Los siguientes son algunos ejemplos de por qué una nutrición adecuada es tan importante:

Prevención de la obesidad infantil

Como se mencionó anteriormente, es extremadamente importante asegurarse de que su hijo coma alimentos saludables que estén llenos de nutrientes, especialmente en sus primeros años. Por eso es tan impactante que aproximadamente el veinticinco por ciento de los niños en los Estados Unidos que tienen entre dos y dieciocho años cumplen con los criterios para clasificarlos como con sobrepeso. Eso es bastante para niños con sobrepeso. Puede que le resulte difícil de creer, pero ese hecho proviene directamente de los CDC, ¡así que comience a creer! Lo que da miedo es el hecho de que los niños con sobrepeso y obesidad tienen un riesgo mucho mayor de desarrollar problemas de salud. Estarán en riesgo de tener problemas y dolor en las articulaciones. También, correrán el riesgo de tener problemas graves, como enfermedades cardiovasculares o diabetes tipo 2. Enseñar a su hijo a una edad temprana a comer sano y elegir una pieza de fruta en lugar de una barra de chocolate reducirá en gran medida el riesgo de experimentar estos problemas.

Crecimiento saludable

Una nutrición óptima es vital para que un niño crezca de manera saludable. Es importante asegurarse de que su hijo consuma las cantidades adecuadas de alimentos ricos en nutrientes, como frutas y verduras, para favorecer un crecimiento óptimo. El calcio también es muy importante. Este nutriente asegurará que crezca hasta tener huesos completamente desarrollados y fuertes. Las deficiencias de calcio pueden tener algunos efectos no deseados en la salud, por lo que debe asegurarse de darle a su hijo las cantidades adecuadas de calcio.

Desayuno Nutricional

Es sustancial que se asegure de que el menor tenga un desayuno nutritivo todos los días, especialmente los días que tiene escuela. Los estudios demuestran que a los niños que toman un desayuno nutritivo antes de la clase les va mucho mejor y pueden concentrarse y son más participativos. Un dato interesante es que aquellos que no desayunan o toman un desayuno poco saludable son mucho más propensos a tener problemas de comportamiento y de aprendizaje mientras están en la escuela. Por otro lado, los niños que están bien alimentados tienen muchas más probabilidades de tener una mejor memoria y habilidades para resolver problemas.

Consecuencias de una nutrición inadecuada

Si un niño no consume los nutrientes adecuados, seguramente enfrentará ciertos problemas en los próximos años de su vida. Por ejemplo, la falta de una nutrición adecuada en la infancia puede provocar problemas como tener una estatura más baja o encorvada. Otro problema que pueden enfrentar estos niños es el retraso en su llegada a la pubertad y esto puede tener un impacto grave en el resto de su vida. Además, los niños que no reciben una nutrición adecuada corren el riesgo de deshidratarse o enfrentar ciertos problemas de salud como la anemia. Es probable que su rendimiento académico se vea afectado y esto también puede tener consecuencias duraderas en su vida. Luego, siempre existe el hecho de que su hijo podría tener sobrepeso u obesidad.

Es extremadamente importante que usted, como padre, se asegure de que reciba toda la nutrición que necesita. Su hijo cuenta con usted para mantenerlo a salvo y asegurarse de que coma bien. La mejor parte es que si le enseña a su hijo a una edad temprana a comer de manera saludable, es probable que continúe comiendo de esa manera, incluso cuando sea mayor y se haya mudado. Puede ser un poco difícil al principio preparar comidas saludables y hacer que su hijo las coma, pero se volverá más fácil con la práctica y a medida que se familiarice con los alimentos saludables que le gustan a su hijo y los alimentos saludables que no le gustan.

¿Qué nutrientes les faltan comúnmente a los niños?

Existen ciertos nutrientes y diferentes tipos de vitaminas que son muy importantes para un niño a la hora de su desarrollo. En realidad, esto es cierto para la salud de todas las personas y no solo para los pequeños. Sin embargo, la verdad es que muchas personas no son conscientes de la importancia de estos nutrientes ni de qué tipos deben buscar en sus alimentos al preparar las comidas.

El siguiente capítulo repasará los nutrientes que a los niños normalmente les faltan y también le proporcionará algunos ejemplos de formas en las que puede incorporarlos en la dieta de su hijo.

Nutrientes comúnmente ignorados

Muchas personas, especialmente los médicos y otros en el campo de la medicina, estarían de acuerdo en que demasiados niños consumen demasiadas calorías y no suficientes alimentos saludables como cereales integrales, frutas y verduras. Esto es exactamente lo que está contribuyendo al problema de la obesidad infantil en los Estados Unidos. Es muy importante que empiece a enseñarle a su hijo desde pequeño a comer sano y a consumir todos los nutrientes que necesita para mantener una buena salud y estar fuerte.

Hay algunas formas de nutrientes que es más común que falten en la dieta de un niño que otras. Los siguientes son algunos ejemplos de estos nutrientes:

Calcio

Muchos niños no tienen suficiente calcio en su dieta. El problema con esto es el hecho de que el calcio contribuye a que los niños desarrollaran huesos fuertes. Una nueva investigación también sugiere que existen muchos otros beneficios del calcio que antes se desconocían. Por ejemplo, ahora se cree que el calcio puede prevenir el cáncer de mama y otras formas de cáncer. Además, se cree que el calcio ayuda a proteger su corazón y arterias. Con una tasa tan alta de problemas cardíacos y cáncer de mama como existe, deberíamos hacer todo lo que podamos como padres para ayudar a garantizar que nuestros hijos no tengan que pasar por problemas de salud como estos más adelante en la vida. Una forma de hacer que su hijo comience a consumir más calcio sería hacer que comiera un tazón de cereal fortificado con el desayuno. No use leche entera para el cereal. Además, es posible que desee considerar enviarlos a la escuela con yogur como bocadillo.

Vitamina D

La vitamina D es otra forma de nutriente que es extremadamente importante para el crecimiento de huesos sanos y fuertes. La vitamina D se absorbe a través de la piel y la proporciona la luz solar. El caso es que los niños parecen pasar cada vez menos tiempo jugando al aire libre y cada vez más tiempo sentados en el sofá viendo la televisión. Limite la cantidad de tiempo que su hijo puede jugar videojuegos o ver televisión todos los días y esto seguramente contribuirá a que salga al sol con mucha más frecuencia. Hay otras formas de obtener vitamina D además del sol. Algunos ejemplos sería pescado, atún o leche fortificada con vitamina D.

Potasio

El potasio es una parte muy importante de la dieta de cualquier persona, pero esto es especialmente cierto cuando se trata de la dieta de un infante. Es un hecho poco conocido, pero la falta de potasio en la dieta puede provocar presión arterial alta y otros problemas médicos no deseados. Debe asegurarse de que su hijo consuma suficiente potasio porque es extremadamente importante. El potasio se puede encontrar en muchos y diferentes tipos de alimentos. Algunos ejemplos incluirían frijoles, espinacas, papas y tomates. Las frutas sabrosas como los plátanos también contienen altas cantidades de potasio.

Fibra

Muchas personas no son conscientes de la importancia que tiene la fibra en la dieta de sus hijos. Consumir las cantidades adecuadas de fibra a diario es una excelente manera de prevenir ciertos problemas, como las enfermedades cardíacas y el tipo II diabetes. La fibra es una parte no digerible de las plantas que consumimos con nuestros alimentos. Ayuda a la digestión y otras partes de su salud. Puede darle a su hijo muchas frutas o verduras para ayudarlo a obtener la cantidad correcta de fibra o puede intentar alimentarlo con nueces o frijoles secos cocidos.

Vitamina A

Asegurarse de que su hijo obtenga suficiente vitamina A es muy importante por muchas razones diferentes; sin embargo, muchos niños todavía carecen de la ingesta de esta vitamina. Uno de los beneficios de la vitamina A es que contribuye a una vista saludable. La vitamina A también contribuye a un sistema inmunológico saludable y también participa en el crecimiento de los tejidos. Estoy seguro de que usted no quiere que su hijo tenga que usar gruesos lentes cuando sea adolescente, así que asegúrese de que esté recibiendo suficiente vitamina A. Puede hacer que el niño consuma más vitamina A al darle de comer alimentos como batatas, lechuga romana, así como verduras de colores oscuros y brillantes.

Enseñe a sus hijos a comer sano

Es muy importante que su hijo sepa lo importante que es comer alimentos saludables y que sepa qué tipos de alimentos son saludables y qué tipos de nutrientes son importantes. También es fundamental que su hijo sepa qué alimentos no son saludables y qué tipos de alimentos debe consumir con moderación.

Todos merecen un dulce de vez en cuando, pero es importante saber cómo limitar estos bocadillos y no incluirlos en la dieta del menor. El deber de enseñar a un niño a comer correctamente recae en el regazo de los padres. Es importante que sepa que debe enseñarle a su hijo a comer correctamente y que no es tarea de nadie más que de usted.

El siguiente capítulo repasará la importancia de enseñarle a su hijo a comer alimentos saludables y le proporcionará algunas pautas que le ayudarán a hacerlo de manera eficaz.

Recuerde, debe enseñarle a su hijo la importancia de una nutrición adecuada. También, debe informarle de los peligros e impactos negativos del no comer sano, y lo que le puede acarrear en la vida.

Sea un buen ejemplo

Debe enseñarle a su hijo a comer alimentos saludables y debe comenzar a enseñarle estas cosas desde una edad muy temprana.

Una de las mejores maneras de enseñarle a ser saludable sería dar el ejemplo y comer usted mismos alimentos saludables. Piénselo, su hijo sigue todo lo que usted hace y lo usa como ejemplo de lo que se supone que debe hacer y cómo se supone que debe actuar en la vida. Por lo tanto, si le da a su hijo un ejemplo positivo y se asegura de que coma una dieta saludable, es casi seguro que él hará lo mismo y verá como algo normal comer alimentos sanos.

Otra buena manera de enseñar a sus hijos sobre la importancia de una nutrición adecuada es aprender a limitar la cantidad de golosinas azucaradas y otros tipos de bocadillos poco saludables que introduce en su dieta. Asegúrese de que sepa que está bien comer una barra de chocolate ocasionalmente, pero asegúrese de que también sepa que no es una buena idea comer una todos los días.

Trate de mantener bebidas más saludables en la casa en lugar de tener un suministro interminable de refrescos. Criar a su hijo para que disfrute de alimentos saludables probablemente lo llevará a continuar con esos hábitos alimenticios durante toda su vida. Por otro lado, criarlo para que disfrute de alimentos poco saludables también probablemente hará que continúe con esos hábitos alimenticios durante toda la vida.

Como se mencionó anteriormente, enseñarle a su hijo a comer adecuadamente y tener una dieta nutritiva es extremadamente importante para el desarrollo de un niño. Es mejor comenzar este proceso lo antes posible porque los niños absorben la información como una esponja, especialmente en sus primeros años.

Nutrición óptima para los niños

Estoy segura de que después de conocer toda la información anterior sobre la nutrición y lo importante que es para su hijo, se está preguntando cómo puede asegurarse de que le está proporcionando estos nutrientes. Como se mencionó anteriormente, hay muchas personas que desconocen por completo qué alimentos contienen qué nutrientes. Si eres una de estas personas no te avergüences porque en realidad es bastante común. Se ha convertido en un hábito para nuestra sociedad preocuparse más por lo que sabe y huele bien cuando se trata de alimentos y no por los nutrientes que poseen.

Es importante que su hijo siga una dieta que consista en una nutrición adecuada. Si no está seguro de qué alimentos contienen qué nutrientes y cuáles son los mejores tipos de víveres para alimentar a su hijo, está de suerte porque este próximo capítulo es solo para usted.

El siguiente capítulo tratará sobre la nutrición óptima y le proporcionará algunos ejemplos de tipos de alimentos que puede proporcionar para asegurarse de que estén recibiendo una nutrición adecuada.

Alimentos saludables para una nutrición óptima

Hay muchos tipos diferentes de alimentos disponibles que están llenos de nutrientes y son muy saludables para comer. El problema es que tendrá que encontrar una manera de comer estos alimentos más saludables en lugar de sus bocadillos favoritos que no son saludables. A veces puede parecer que este proceso será imposible, pero créame, es posible y realmente no es tan difícil, si lo lleva a cabo de la manera correcta.

Hay una gran cantidad de alimentos saludables que en realidad son bastante atractivos en lo que respecta a su apariencia y olor. Gran parte del proceso de intentar que su hijo coma alimentos más saludables será tratar de encontrar alimentos saludables que le gusten.

Los siguientes son algunos ejemplos de diferentes tipos de alimentos saludables que puede darle a su hijo:

Huevos

Los huevos son muy sanos y hacen un gran desayuno. Están llenos de proteínas, que es muy importante incluir en la dieta. También contienen muchos otros nutrientes, uno de ellos, por ejemplo, sería la vitamina D. Si recuerda, comentamos anteriormente que la vitamina D es importante para la vista y para el sistema inmunológico. Una de las mejores cosas de los huevos es que le gustan a la mayoría de las personas, especialmente a los niños. Esto hará que sea mucho más fácil lograr que su hijo coma algo saludable. Intente hacer diseños geniales o caras divertidas con los huevos, ya que esto también ayudará a que su niño se los coma.

Avena

La avena es otro alimento saludable que no debería tener dificultades para lograr que su hijo coma. La avena contiene grandes cantidades de cereales integrales ricos en fibra. La avena se digiere lentamente, lo que también le dará a su hijo un flujo constante de energía para pasar el día. Esto permitirá al pequeño que le resulte mucho más fácil concentrarse y participar en la escuela.

Frutas

Hacer que su hijo coma fruta siempre es una buena idea. No importa qué tipo de fruta sea, está garantizado que estará lleno de vitaminas y minerales. Además, su hijo consumirá fibra mientras come fruta y esto es muy importante para su sistema digestivo. Trate de que su niño coma una variedad de frutas diferentes, ya que esto tendrá un efecto más nutricional. Si es posible, que no la consuma exprimiéndola, sino que la mastique, lo que ayudará al consumo de fibra y a gastar calorías.

Nueces

Las nueces son muy nutritivas y pueden ser muy buenas para que las consuma su hijo. Puede obtener proteínas de los frutos secos, así como de otras vitaminas esenciales. Además, las nueces ofrecen una fuente saludable de grasa y esto es extremadamente importante en la dieta de un niño porque la necesitarán para permitir un crecimiento adecuado. Además, la grasa proporcionada por las nueces le dará a su niño la energía que necesita para seguir siendo productivo durante todo el día.

Leche

La leche siempre es importante para incorporar a la dieta, esto es especialmente cierto cuando se trata de niños. La leche está llena de proteínas y calcio y estos son factores muy importantes para la salud y el crecimiento. Lo bueno de la leche es el hecho de que no debería ser difícil para usted lograr que su hijo la consuma. Hay muchas formas diferentes de consumir lácteos, además de beberlos. Sea creativo y su hijo no debería tener problemas para consumir leche.

Tomates

Un hecho triste es que parece que la tasa de cáncer en todo el mundo sigue aumentando cada vez más a medida que pasa el tiempo. Lo bueno es el hecho de que existen ciertos tipos de alimentos que puedes darle a su hijo y que le ayudarán a prevenir enfermedades graves como el cáncer. Los tomates son un ejemplo de este tipo de alimentos. Esto se debe al hecho de que los tomates contienen algo llamado licopeno. Se cree que el licopeno combate ciertos tipos de cáncer. Cocinar los tomates es aún mejor porque el calor hará que los tomates liberen aún más licopeno, lo que los hará aún más saludables para que los coma su hijo.

Hora de comer

Muchas personas y padres desconocen que no solo lo que come su hijo contribuye a que coma sano, sino también el medio ambiente y los hábitos alimentarios que tiene tu familia en su conjunto.

La hora de la comida es muy importante y no debe pasarse frente al televisor. La hora de la comida es una oportunidad para crear lazos afectivos, y lo crea o no, ofrece una oportunidad perfecta para enseñar la importancia de comer alimentos saludables.

El siguiente capítulo analizará la importancia de comer en familia y le proporcionará un ejemplo de cómo exactamente puede utilizar los horarios de las comidas para influir en su hijo para que coma más sano.

Utilice los horarios de las comidas para dar ejemplos

Las horas de comida brindan a los padres una gran oportunidad para comunicarse con sus hijos. Este tiempo puede usarse como una oportunidad para hablar con ellos sobre la importancia de comer alimentos saludables, así como para brindarles algunos ejemplos de cosas que podrían pasarles si no lo hacen.

Los siguientes son algunos ejemplos de cómo y por qué comer en familia puede fomentar hábitos alimenticios saludables que seguramente mantendrán a su hijo bien nutrido.

Los padres son ejemplos

Como se mencionó anteriormente en este libro, su hijo lo busca para que lo oriente en todo lo que hace, incluidos los alimentos que elige comer. Si su hijo ve que usted come alimentos saludables con regularidad, será mucho más probable que coma alimentos saludables, ya que usted le da el ejemplo.

Los niños son diferentes

Si tiene más de un hijo, probablemente sea más consciente del hecho de que a los niños les gustan y disgustan cosas diferentes. Por esta razón, debe comprender que es posible que a su hijo no le gusten los mismos alimentos saludables que a otro de sus hijos. Deberá determinar qué le gusta y qué no le gusta a cada uno de ellos y utilizar esta información durante la planificación de las comidas.

Interacción social

La interacción social que se proporciona al comer en familia puede contribuir a que un niño tenga hábitos alimenticios más saludables por muchas razones diferentes. Una de ellas es probablemente el hecho de que comer en familia y tener conversaciones en familia obligará a su hijo a comer más despacio. Esto lo ayudará a determinar mejor cuándo está lleno y ayudará a que se abstenga de comer en exceso.

Enfermedades asociadas con una mala nutrición

Existen muchos peligros asociados con que los niños desarrollen malos hábitos alimenticios desde una edad temprana. Algunos de estos peligros incluyen enfermedades físicas reales. Algunas de estas enfermedades pueden tener efectos muy negativos en el futuro. De hecho, algunas de estas enfermedades pueden limitar en gran medida las cosas que podrán hacer. Algunos de estos efectos les impedirán vivir una vida feliz normal. Algunos de estos efectos pueden poner en peligro la vida y, si no se controlan, pueden provocar la muerte.

Comer sano y enseñar a sus hijos sobre los beneficios de los alimentos nutritivos es muy importante y nunca son demasiado pequeños para comenzar a enseñarles estas cosas. De hecho, cuanto antes les enseñe, mejor será el efecto.

El siguiente capítulo le proporcionará algunos ejemplos de los tipos de enfermedades que pueden desarrollarse como resultado de una mala nutrición.

Los peligros de una mala nutrición

Aunque el sobrepeso o la obesidad son problemas graves, hay consecuencias mucho peores que pueden surgir como resultado de una mala nutrición. Lo que da miedo es que algunas de estas enfermedades son irreversibles. Básicamente, esto significa que una vez que una persona tiene la enfermedad, la tendrá por el resto de su vida. Estoy segura de que no quieres que tu hijo tenga una vida difícil y estoy segura de que no quiere que tenga que sufrir por el resto de su vida. El mejor lugar para comenzar a asegurarse de que su hijo no desarrolle enfermedades relacionadas con la dieta es asegurarse de que tenga hábitos alimenticios sanos.

Los siguientes son algunos ejemplos de los diferentes tipos de enfermedades que se pueden desarrollar como resultado de una mala nutrición:

Anemia

La anemia es un problema grave y puede tener muchos efectos no deseados para la salud. La anemia es una enfermedad que hace que la sangre de una persona se debilite. Tienen dificultades para reemplazar la sangre y esto conduce a algunos problemas graves. La anemia puede causar problemas como dificultad para respirar. También puede causar problemas peligrosos, como mareos o incluso desmayos al estar de pie. Las personas con anemia también tendrán un latido cardíaco más rápido y se sentirán débiles y cansadas la mayor parte del tiempo.

Beriberi

El beriberi es una enfermedad que afecta la capacidad de un individuo para convertir los alimentos en energía utilizable. Esta enfermedad es causada por una deficiencia de tiamina. Enfermedad en la que el cuerpo no tiene suficiente vitamina B1 (tiamina).

Los tratamientos incluyen suplementos de vitamina B1 y la ingesta de más alimentos ricos en vitamina B1, como cereales de grano entero, legumbres y carne vacuna.

En realidad, esta enfermedad puede hacer que una persona pierda el apetito por completo y esto puede ser muy peligroso para la salud de su hijo si deja de comer. El beriberi también causa problemas graves como debilidad severa. Esta debilidad es aún peor en las piernas. Aquellos que tienen Beriberi tienen dificultades para intentar hacer las cosas más simples como ponerse de pie.

Diabetes

Tener una dieta que consiste en alimentos poco saludables combinada con la falta de ejercicio es una receta para la diabetes. Esto es especialmente cierto para las personas que tienen diabetes que ya es hereditaria. Si la diabetes es hereditaria en su familia, es muy importante que se asegure de que sus hijos sigan una dieta nutritiva. La diabetes es una enfermedad muy grave y puede causar algunos problemas de salud negativos muy graves. En la mayoría de los casos, la diabetes no se puede curar, solo se puede controlar. Estoy segura de que no querrás que su hijo tenga que ser molestado por una vida de contar carbohidratos y medir las inyecciones de insulina. En casos graves, la diabetes puede incluso provocar la amputación de miembros como resultado de la gangrena e incluso la muerte. Hay algunos síntomas más comunes de la diabetes y los siguientes son algunos ejemplos.

La diabetes temprana hará que una persona siempre sienta sed. Notarán que siempre se sienten cansados y que orinan con mayor frecuencia. A menudo tendrán un apetito que no se puede satisfacer y también experimentarán períodos de pérdida de peso. Los síntomas posteriores más graves incluirían períodos de visión borrosa. También pueden experimentar frecuentes dolores de cabeza y períodos de mareos. Personas con diabetes pueden desarrollar llagas en la planta de los pies que no cicatrizan, en casos extremos esto puede llevar a una amputación.

Después de leer toda esta información, estoy segura de que hará todo lo posible para asegurarse de que su hijo tenga hábitos alimenticios saludables y de que reciba toda la nutrición que necesita. Como se indicó anteriormente en este libro, es su trabajo como padre asegurarse de que el niño esté seguro; y asegurarse de que esté comiendo bien es una forma de mantenerlo seguro.

Estoy convencida de que, al igual que con todos los demás padres, no desea nada más que la mejor y más feliz vida para su hijo o hijos. Uno de los mejores lugares para comenzar para asegurarse de que tenga una vida saludable y feliz es asegurarse de que se críe con un entendimiento de lo importante que es una nutrición adecuada.

Como se mencionó anteriormente, puede ser difícil lograr que su hijo coma alimentos saludables al principio. Esto es especialmente cierto cuando se trata de niños que ya están acostumbrados a bocadillos, bebidas y golosinas poco saludables. Sin embargo, con suficiente esfuerzo y determinación, seguramente puede hacerlo realidad. Después de todo, estamos hablando del futuro de su hijo, por lo tanto, no existe tal cosa como esforzarse demasiado.

Ayude a su hijo a perder peso

Una de las mayores desgracias de la vida moderna es la obesidad en los niños. Los enormes cuerpos de estos niños no les permiten jugar felices con sus compañeros. Hacer dieta, además de luchar contra los problemas de autoestima que suele traer la obesidad, es una necesidad absoluta para los niños obesos.

Si tiene un niño con sobrepeso, debe probar todos los métodos posibles para lograr que pierda esos kilos de más para que pueda vivir una vida normal. En primer lugar, debe consultar a su médico y hablar con él sobre el método más beneficioso para que no solo pierda peso, sino que también mantenga una buena salud.

Para ser sincera, si duda en dar los pasos básicos necesarios para que su hijo pierda ese exceso de peso, pondrá en riesgo la salud del niño. Cuando no permitimos que nuestros hijos jueguen en la carretera o manejen armas, ¿por qué deberíamos dejar que se suiciden comiendo comida chatarra?

Si tiene un hijo obeso, los siguientes consejos le serán de gran ayuda.

• No castigue ni recompense a su hijo con comida. La comida es uno de los principales problemas que tiene que enfrentar su hijo, y usarla como castigo o recompensa simplemente empeorará el problema.

• Anime a su hijo a comer alimentos saludables en lugar de alimentos fritos. No guardes comida chatarra en casa.

• Prepare el almuerzo de su hijo usted mismo para que sepa lo que come. No permita que el niño compre el almuerzo en la escuela.

• Asegúrese de que su hijo no reciba comida chatarra fuera de la casa.

• Cambie los hábitos alimentarios de toda la familia. En lugar de comer bocadillos fritos, coma bocadillos saludables de frutas y nueces. Su hijo necesita frutas frescas, verduras crudas o yogur helado.

• Estudie la pirámide alimenticia siempre que tenga dudas sobre las necesidades dietéticas de su hijo. Esto asegurará que usted les dé a los pequeños una dieta equilibrada.

• Asegúrese de que su hijo no beba refrescos. Tendrá que enfrentar mucha rebelión al principio, pero su hijo desarrollará un amor duradero por el agua. El agua no solo mantiene al niño lleno, sino que también digiere la grasa. Si puede, dele agua helada, ya que el organismo tendrá que calentarla, y en ese proceso gasta calorías.

• Introduzca mucha actividad física en la vida del menor. Anímelo a que se una a una clase de baile, salga a caminar, trote, corra o juegue al fútbol o al cricket.

• No permita que su hijo se convierta en un adicto a la televisión. Manténgalo alejado de los videojuegos y los juegos de computadora. Asegúrese de que su hijo esté activo siempre. Mantener al niño activo significa que ahora tiene una alternativa saludable a la alimentación. También significa que está quemando todas esas calorías adicionales.

• Si los métodos caseros no funcionan, puede inscribir a su hijo en uno de los campamentos para bajar de peso, especialmente diseñado para lidiar con problemas de pérdida de peso y autoestima en niños de entre siete y diecinueve años. Uno de estos campamentos podría ser la respuesta a su oración.

• Deje que su hijo siga el ejemplo que le dio. Si se abstiene de comer comida chatarra o se entrega a una alimentación emocional, su hijo aprenderá automáticamente de usted y hará lo mismo.

Notará un cambio en su hijo si sigue estas sencillas técnicas. Su hijo se comportará con confianza mientras pierde esos kilos de más. Sus relaciones en la escuela mejorarán cuando cesen todas las burlas.

Cómo hacer que su hijo coma saludablemente

El mundo moderno, con sus innumerables lugares de comida rápida, realmente puede arruinar la salud y el bienestar de un niño. Debido a la creciente popularidad de las comidas rápidas, a los padres les resulta muy difícil inculcar hábitos alimenticios saludables en sus hijos. Los alimentos que son baratos y fáciles de preparar generalmente no son buenos para la salud. A pesar de este hecho obvio, un niño, cuando se le da a elegir entre comida rápida y comida saludable, siempre elegirá la primera.

Hacer que un niño disfrute de alimentos saludables es casi imposible, pero no hay nada de malo en intentarlo. Tendrá que usar sus poderes creativos al máximo porque realmente no es tan fácil hacer que un niño coma alimentos saludables. Puede probar algunas de estas formas:

• Use frutas y verduras para preparar los platos favoritos de su hijo
Es posible que no consiga que comprendan la importancia de comer frutas y verduras frescas. Pero seguramente le agradecerán si hace muffins con manzanas o plátanos o si pone una generosa dosis de espinacas en su pizza favorita.

• Cambiar el nombre de frutas y verduras
A los niños les encanta cuando les das nombres divertidos a las frutas y verduras habituales. Por ejemplo, podría llamar "árboles" al brócoli. Cambiar el nombre de las frutas y verduras las hace más interesantes para comer. A los niños les gusta comer alimentos que tienen nombres inusuales.

• Experimentar con la comida
Modifica recetas para que salgas con platos emocionantes. Por ejemplo, puede cubrir el brócoli con aderezo ranch y el apio con mantequilla de maní. Las verduras se pueden combinar de muchas formas para que tengan un excelente sabor. Incluso puede permitir que sus hijos seleccionen un aderezo para un vegetal de su elección, incluso si realmente no aprecia el gusto de su hijo.

- Cree diseños divertidos

Los niños disfrutan de la comida que se ve atractiva. Haga que sus platos se vean lo más emocionantes posible. Haga diseños divertidos en su plato o apílelos de tal manera que parezcan animales o seres humanos. Si bien a algunas personas no les gusta jugar con la comida de esta manera, a veces ayuda a que el niño coma de manera saludable.

Acaba de ver algunas formas de hacer que los alimentos saludables sean interesantes para su hijo. A los niños normalmente no les gusta la comida que es buena para su salud. Pero, si puede hacer que los alimentos saludables se vean y suenen tan atractivos como la comida rápida, existe la posibilidad de que su hijo aprenda a comer y apreciar las frutas y verduras a lo largo de su vida.

Capítulo 2
El dilema de las dietas infantiles

Todos los niños necesitan los mismos tipos de nutrientes básicos como vitaminas, minerales, carbohidratos, proteínas y grasas. Sin embargo, las cantidades suelen ser determinadas por las distintas edades de los niños en cuestión, lo que a su vez determinará la cantidad adecuada de calorías, proteínas, minerales y vitaminas para un crecimiento completo y eficaz.

Sin embargo, lograr que el niño consuma comidas saludables a menudo puede ser todo un desafío y los medios saludables generalmente significan alimentos insípidos y poco interesantes para él.

Los niños generalmente disfrutan de alimentos que son muy sabrosos, dulces o simplemente no son realmente saludables para ellos. Sin embargo, con un poco de investigación y una planificación adecuada, es posible diseñar un plan de dieta completo que sea nutricionalmente equilibrado para adaptarse a los distintos grupos de edad en los que se pueden encontrar los niños.

Obtener la gama completa de proteínas, hierro, calcio y vitamina A idealmente debería ser el enfoque del plan de dieta implementado. Cuando se trata del apetito de los niños, generalmente habrá fluctuaciones notables y esto se reflejará de acuerdo con el crecimiento que el niño esté experimentando en cualquier momento particular de sus vidas.

Idealmente, un indicador general a seguir sería que la mayoría de los niños de 3 años necesitarían alrededor de

1300 calorías diarias, mientras que un niño de 10 años necesitaría alrededor de 2000 calorías diarias y el adolescente necesitaría 2800 calorías diarias.

Incluir una cantidad saludable de verduras, frutas, productos lácteos, carnes y frijoles sería ideal a la hora de intentar realizar un plan dietético completo. Los bocadillos también están bien, pero también deben tener una base nutricional.

La importancia del desayuno

La importancia del desayuno nunca debe darse por sentada, ya que la energía que proporciona una salud mental y física óptima comienza con un buen plan de desayuno saludable.

Mañanas

El desayuno es una buena manera de despertar el sistema del cuerpo y empezar a trabajar bien, ya que ayuda a reabastecer el cuerpo después de un largo descanso.

Se ha observado que los niños que desayunan tienden a comer de manera más saludable en general y es más probable que participen en actividades físicas y estén mentalmente alertas, lo que les brinda la oportunidad de crecer de manera saludable.

Saltarse el desayuno generalmente puede hacer que el niño esté irritable, cansado, inquieto y básicamente distraído e incapaz de sincronizar su cuerpo y su mente para pasar el día de manera efectiva y productiva. El estado de ánimo y los niveles de energía generalmente disminuirán a media mañana si no se ingiere un desayuno adecuado a diario.

Siendo una de las formas ideales de poner en marcha la mente y el cuerpo, el desayuno también contribuye a la tasa de metabolismo corporal saludable que permite que el cuerpo procese y convierta los alimentos en combustible para la energía necesaria para una función óptima durante todo el día.

Cuando la tasa de metabolismo se ponga en movimiento, el cuerpo podrá comenzar a quemar las calorías de manera efectiva, disminuyendo así la probabilidad de acumulación de grasa dentro del sistema corporal.

Se ha observado que los niños que no son consistentes con el régimen de ingesta nutricional del desayuno generalmente suelen comer bocadillos en alimentos poco saludables durante el día, lo que hace que tengan sobrepeso fácilmente.

La elección de alimentos para el desayuno ricos en cereales integrales, fibra y proteínas y, al mismo tiempo, bajos en azúcares añadidos, ayudará a potenciar los procesos de atención, concentración y retención de la memoria del niño, todos elementos cruciales para poder concentrarse y absorber. lo que se enseña en la escuela.

Reducir la harina y el azúcar

Básicamente, no conocido por sus cualidades saludables, poder eliminar grandes porciones de harina y azúcar del plan de dieta básica de un niño sería un objetivo ideal para trabajar. Estos ingredientes hacen poco para promover un crecimiento saludable en los niños de cualquier edad, por lo que eliminarlos conscientemente del plan de dieta sería un paso en la dirección correcta.

Los dulces

Sería una buena y sensata idea adoptar una ingesta menor de golosinas, si la idea de reducir la harina y el azúcar no logra los primeros cometidos. Es posible usar los dulces para mejorar el sabor y el volumen en los alimentos ingeridos.

Esta eliminación o control ayudará al niño a lograr un equilibrio en su peso y una condición corporal más saludable en general.

Las condiciones óptimas de peso generalmente significan la conexión del número óptimo de ingesta de calorías y con la reducción de harina y azúcar en el plan de dieta, esta plataforma ideal se puede lograr fácilmente.

Idealmente, los alimentos con alto contenido calórico, como los panes, deben sustituirse por alimentos bajos en calorías, como las legumbres, que también ayudarán a mantener al niño satisfecho durante períodos de tiempo más prolongados.

Otra alternativa sería reemplazar el azúcar con la opción más saludable de la miel, ya que esto también ayudará a reducir la ingesta innecesaria de calorías.

Comer alimentos como avena, frutas frescas, granos y nueces ciertamente sería mejor que panes, mermeladas, panqueques y otros alimentos endulzados que pueden ser satisfactorios, pero solo por poco tiempo.

Evitar ingestas elevadas de azúcar y harina en el plan de alimentación diario de un niño también lo ayudará a tener un futuro más saludable como adulto.

Los peligros de las grasas

Generalmente es un hecho aceptado que todo niño necesita cierta cantidad de grasas dentro de su plan de dieta diaria, ya que estas grasas contribuyen a los niveles de energía que le dan al cuerpo lo que necesita para funcionar de manera saludable. Sin embargo, la ingesta excesiva de grasas afectará el sistema corporal de maneras que eventualmente serán dañinas para el crecimiento y la salud del niño.

Grasas

Los niños que tienen el hábito de consumir dietas altas en grasas eventualmente harán que las grasas no saludables como las grasas saturadas y las grasas trans obstruyan las arterias, lo que aumentará el flujo sanguíneo perturbador para las necesidades del cuerpo.

Esto conducirá a una mayor posibilidad de sufrir problemas cardíacos a medida que el niño crezca. Las estadísticas actuales muestran que más personas tienen algún tipo de problema cardíaco en etapas mucho más tempranas de la vida.

También existe una conexión significativa entre la ingesta de grasas y la presencia de células cancerosas en el sistema corporal. Las grasas saturadas han sido una causa importante de preocupación, ya que se promociona como la principal causa de que las células cancerosas se multipliquen a un ritmo más rápido dentro del cuerpo.

La obesidad también es otro efecto secundario nocivo para la salud causado por las grandes cantidades de ingesta descontrolada de grasas en los niños.

Los niños generalmente buscan alimentos que les brinden una satisfacción inmediata y, por lo general, adquieren las características poco saludables de la comida chatarra u otros bocadillos que no se basan en valores nutricionales saludables.

Esta condición de obesidad conducirá a otras complicaciones médicas como enfermedad de la vesícula biliar, enfermedad del hígado graso, reflujo gastroesofágico, apnea del sueño, gota y osteoartritis a medida que el niño crece hasta la edad adulta.

También existe el riesgo adicional de padecer diabetes tipo 2 incluso de niño, especialmente si el niño no está activo en deportes y actividades al aire libre.

Mantener los alimentos saludables accesibles y divertidos

La mayoría de los padres lamentan los problemas que tienen que afrontar cuando se trata de niños que suelen ser quisquillosos con la comida. Sin embargo, es posible lograr que el niño consuma alimentos saludables si se presentan de manera divertida y tienen un sabor delicioso. Por lo tanto, realmente dependería de los padres hacer el esfuerzo de encontrar formas innovadoras e interesantes de asegurarse de que el niño coma alimentos o refrigerios saludables.

Mejores opciones

La mayoría de los niños evitan diligentemente el grupo de alimentos que se centra en las verduras, lo que crea grandes problemas para los padres que conocen bien los méritos de este grupo de alimentos y cuánto beneficiará a su hijo.

Hacer que un simple palito de zanahoria sea más atractivo para el niño requeriría cierto esfuerzo por parte de los padres, lo que puede consistir en hacer que el consumo de dicho grupo de alimentos sea una actividad que forme parte de un juego o incluso cortar la zanahoria para que parezca divertido, elementos como formas de animales.

Hacer que el niño participe en el proceso de preparación de la comida o el refrigerio lo ayudará a sentir una sensación de logro, y esto lo alentará a querer probar los alimentos preparados por él mismo o al menos en los lugares en los que realmente ha participado.

Este sentido de logro puede ser una herramienta buena y eficaz para que el niño coma de manera saludable, ya que el ingrediente divertido puede ser un estímulo muy persuasivo.

Los niños tienden a comer primero con los ojos y luego con la lengua, lo que significa que, si la comida no se ve atractiva, lograr que incluso la prueben sería una batalla cuesta arriba. Por lo tanto, incluir mucho color en la presentación sería una forma de crear un paladar atractivo para el pequeño.

Utilice la pirámide alimenticia

La mayoría de los niños requieren las mismas necesidades nutricionales básicas que ayudarán con las necesidades de sus cuerpos para un crecimiento óptimo. Por lo tanto, sería prudente que los padres exploraran los méritos de comprender y brindar opciones de alimentos saludables basadas en la pirámide alimenticia ideal para los niños.

Grupos de comida

Básicamente, la pirámide alimentaria constará de cinco categorías de alimentos ideales pero muy diferentes, que incluirían frutas, verduras, cereales, aceites, carnes y frijoles.

Al tomarse el tiempo y el esfuerzo para comprender los nutrientes en cada uno de los diferentes grupos de alimentos, los padres podrán determinar cuánto se necesita de cada tipo para las necesidades de consumo diario del menor.

Esto también ayudará a los padres a elaborar un plan de dieta nutricional completo y eficaz para que el niño lo siga. Esto también ayudará a disminuir las posibilidades de que el niño se vuelva obeso, lo que parece ser la tendencia actual entre los menores de todo el mundo.

Lo ideal es que la pirámide alimenticia comience con la parte inferior como fuente principal de alimentos energéticos en general, que deben ser elementos como maíz, papas, panes saludables, pasta, arroz y legumbres.

El siguiente nivel debe venir en dos categorías separadas donde el grupo uno idealmente consistiría en todo tipo de verduras, mientras que el grupo dos se basaría en varias frutas frescas diferentes.

El tercer nivel de la pirámide también tendría que dividirse en dos categorías donde uno representaría los productos lácteos, mientras que el otro estaría compuesto por diversas carnes, pescados y huevos. El último nivel en la parte superior de la pirámide debe consistir en cantidades controladas de grasas, aceite, azúcar y sal. Esta última categoría debe ser monitoreada cuidadosamente ya que en realidad no es muy saludable, pero no obstante es necesaria.

Los problemas de la obesidad infantil

Se supone que la obesidad se clasifica como la condición de sobrepeso no saludable en el cuerpo humano y cuando esto se hace evidente a una edad muy temprana, como en los niños, los padres deben analizar seriamente el plan de dieta y el estilo de vida diario del menor, ya que estos son probablemente los dos factores principales que contribuyen a esta condición negativa.

Idealmente, la ingesta de calorías debe coincidir con la cantidad que se quema durante la actividad física y cuando la ingesta es mayor que la cantidad requerida, la quema efectiva de estos excesos se vuelve más difícil de manejar, lo que permite que se produzca la acumulación.

Esto, por supuesto, lleva al individuo al punto de volverse obeso. Idealmente, el estilo de vida del niño debería centrarse en la capacidad de quemar más calorías que la ingesta real.

Las siguientes son algunas de las formas en que los padres pueden adoptar cuando intentan controlar la probabilidad de que su hijo se vuelva obeso:

En la etapa de la infancia, la lactancia materna sería una opción ideal a elegir y se aconsejaría retrasar la introducción de alimentos sólidos en el plan dietético diario del niño. Los estudios han demostrado que este retraso ayudaría a prevenir que la obesidad ocurra en una etapa temprana.

Se debe alentar a los niños a consumir solo alimentos saludables, y esto debe extenderse a todo tipo de categorías, como bocadillos, comidas principales y cualquier otra forma de consumo de alimentos. Tener el hábito de servir solo bocadillos bajos en grasa y al mismo tiempo alentar al niño a estar activo y adoptar alguna forma de actividad física diaria idealmente evitaría que el niño se vuelva obeso.

Enseñar a un niño a seleccionar conscientemente solo opciones de alimentos saludables donde la nutrición es el punto focal es definitivamente algo que debe iniciarse desde una edad muy temprana.

Capítulo 3
Sobrepeso en adolescentes

Abordar la obesidad con el ejemplo

La mayoría de los niños sanos y equilibrados crecen en un hogar sano y equilibrado. Debemos hacer nuestro mejor esfuerzo para crear un ambiente hogareño que anime a los niños a llevar estilos de vida saludables. Esto significa que, como padres, nosotros mismos debemos demostrarles a nuestros hijos un estilo de vida saludable llevando estilos de vida saludables. A los niños les encanta salir a jugar con sus padres. Si haces jogging, tus hijos disfrutarán acompañándote los domingos por la mañana. Si se dedica al tenis, siempre encontrará un compañero en su hijo. Por el contrario, si pasa horas frente a telenovelas en la televisión, es muy probable que su hijo esté pegado a los dibujos animados de otro canal o que se esconda en su habitación con un juego de computadora. No solo todo el mundo está menos en forma física, los niños generalmente comen lo que comen sus padres. Muchos padres no entienden esto y adoptan una dieta que creen que sus hijos quieren comer. No es inusual que los padres consuman una dieta de papas fritas y pizza simplemente porque tienen hijos. Si los padres se apegan a una dieta saludable que promueva la vida, sus hijos se acostumbrarán a ese alimento desde el principio. Los padres deben animar a sus hijos a que disfruten de actividades de alta energía. No es demasiado difícil en la mayoría de las ciudades inscribir a los niños en clases extracurriculares de danza o artes marciales, por ejemplo. Los niños pronto comienzan a considerar estas actividades como parte normal de su rutina semanal.

La próxima vez que reserve sus vacaciones de verano, ¿por qué no evitar aquellas en las que el objetivo principal es descansar en la playa y dejarse mimar en hoteles de lujo? En su lugar, busque alternativas más saludables como vacaciones de senderismo, piragüismo y deportes acuáticos o en bicicleta. Si se encuentra en un paquete de vacaciones típico, intente pasar el mayor tiempo posible fuera del hotel. Encuentre lugares de interés que se puedan recorrer como ruinas antiguas o pueblos pintorescos. En lugar de simplemente tomar el sol en una playa, busque lugares con costas emocionantes que pueda explorar acompañados de sus hijos..

A veces, el problema ya ha ocurrido y su adolescente puede estar enfrentando un problema de peso. Entonces, es el trabajo de los padres ayudar al joven a seguir activamente un programa de pérdida de peso. A menudo es útil sentir empatía por su hijo adolescente y mostrarle que usted mismo recuerda la vida en la escuela secundaria. Comparta anécdotas de su propia vida escolar que los niños suelen encontrar muy divertidas y, al mismo tiempo, se dan cuenta de que usted realmente conoce las dificultades que podrían estar enfrentando ahora mismo en la escuela. Recuérdele a su hijo que no es 'bueno' exagerar la comida rápida y que quienes se cuidan terminan siendo mucho más atractivos para los demás. Muchos jóvenes de hoy se identifican con la cultura de las celebridades. Puede investigar algunas personalidades conocidas que se toman en serio su salud para que su hijo las admire y emule.

Muchos jóvenes temen secretamente que ninguna dieta funcione y que si tienen sobrepeso es culpa suya. Explíquele al niño que los factores de la sociedad en general que causan estos problemas y hágale saber que no está solo. Sobre todo, explíqueles que es absolutamente posible que tomen el control de la situación. Asegúrele a su hijo que una alimentación saludable y el ejercicio definitivamente marcarán la diferencia y que sus esfuerzos no serán en vano. Cuando estén convencidos de que un cuerpo sano es algo que se puede lograr, se sorprenderá al ver que la motivación para el cambio proviene de los propios adolescentes.

Dieta para adolescentes

El siglo XXI ha visto el mayor número de adolescentes y niños obesos en todo el mundo desde el principio de los tiempos. La cultura de los pubs de comida rápida y café los ha vuelto letárgicos e inactivos. Muchos padres prefieren tener a sus hijos en casa por razones de seguridad, lo que los vuelve aún más inactivos y perezosos y, a su vez, los convierte en adictos a la televisión que pueden pasar horas juntos frente a la caja idiota o la computadora. Estas cosas, en lugar de mejorarlas, causan estragos en su salud.

Para ello, se han introducido en los mercados muchos juegos que han tenido como objetivo dar algún tipo de ejercicio a los adolescentes dentro de las cuatro paredes. Juegos como el nuevo sistema de juegos Nintendo wii y el Dance Party Revolution de Play Station 2 han creado un impacto en el mercado en este sentido. Son una forma divertida de mantenerse en forma como prefieren los adolescentes. Estos juegos les brindan la oportunidad de involucrarse totalmente en él en lugar de los videojuegos que solían jugarse en un entorno estático. Esto fomenta la participación activa de los jóvenes y, por lo tanto, es igualmente popular entre los adultos como una gran sesión para eliminar el estrés y hacer ejercicio.

"Todo el trabajo y nada de juego hacen de Jack un niño aburrido". Este viejo dicho se mantiene absolutamente bien. En este mundo en rápido crecimiento y mejora, es necesario alentar a los niños y adolescentes a que se mantengan activos y salgan. Los adolescentes aprenden por instancias y lo acepten o no, disfrutan mucho haciendo actividades junto con los miembros de la familia. Por tanto, deben fomentarse tales actividades. Las salidas familiares deben planificarse, incluidas actividades como montañismo, escalada de paredes, ciclismo, senderismo y paseos en bote, etc. También puede planificar campamentos durante los fines de semana o aprender juntos alguna actividad o deporte nuevo. Cualquier actividad que sea emprendida por el adolescente debe ser incentivada para que no pierda el interés y se involucre activamente en ella.

También puede animar a su hijo o hija adolescente a que se una a un club para practicar cualquier deporte que le guste. Pueden practicar juegos que ya conocen o pueden unirse a algún deporte nuevo sobre el que esté interesado y con ganas de conocer. Un partido familiar de fútbol, voleibol o sóftbol también es una excelente manera de inducir la actividad física y la diversión, y brinda una oportunidad para que todos en la familia realicen algún tipo de ejercicio físico.

La jardinería es otra excelente manera de divertirse y de quemar algunas calorías. Trate de identificar las actividades que le gustan a su hijo adolescente e intente animarlo a realizarlas. Trabaje con ellos juntos y siga impulsándolos por su trabajo, lo que los mantendrá felices y comprometidos con la actividad, manteniéndolos activos. Es una excelente manera de relajarse en lugar de sentarse frente al televisor o la computadora, lo que los haría consumir más calorías a través de bocadillos poco saludables.

También se les debe animar a que consuman alimentos más nutritivos y que excluyan las bebidas carbonatadas, las bebidas energéticas y los jugos de frutas artificiales y otros refrigerios aceitosos y con almidón. Incluya más frutas y verduras frescas en su dieta y asegúrese de que beban mucha agua. Hágales participar en actividades como cocinar, servir y limpiar las mesas. Esto les ayudaría a comprender qué es saludable y qué no y, por lo tanto, les ayudaría a inculcarles mejores hábitos alimenticios.

El ejercicio es la mejor manera de perder peso

Aunque miles de adolescentes con sobrepeso parecen haber aumentado de peso de la noche a la mañana, es el resultado de un estilo de vida sin ejercicio. Como resultado, es imposible ver resultados inmediatos al comenzar un hábito de buena condición física.

En la era actual de la información y la tecnología, todas las dietas y los métodos de ingravidez creados por el hombre no se acercan a la actividad física buena y pasada de moda.

A diferencia de las dietas y la toma de pastillas, el ejercicio provoca un aumento dramático en su metabolismo, que proviene de su aumento en la resistencia, lo que permite una solución a largo plazo para la pérdida de peso.

Las dietas y las píldoras pueden causar ciertos efectos secundarios, donde el único efecto secundario posible que puede provenir del ejercicio es la tensión muscular, y que se puede evitar mediante el estiramiento adecuado antes y después de un entrenamiento.

Con la economía subiendo y bajando, pagar una tonelada de dinero en dietas y pastillas es innecesario debido al método afectivo extremadamente costoso de pérdida de peso que se encuentra en el ejercicio. La razón de esto se debe a que la actividad física necesaria se puede realizar en la comodidad de su hogar, como trotar, lagartijas, abdominales y otros ejercicios similares.

Si no conoce ningún ejercicio o estrategia que lo ayude a perder peso, puede gastar una fracción del costo de las dietas y las pastillas en una membresía de gimnasio, donde ofrecen programas y entrenadores personales para ayudarlo a alcanzar sus metas físicas.

Por ejemplo, puede prepararse para su actividad diaria trotando unos kilómetros en una cinta de correr o utilizando la variedad de otras máquinas disponibles.

Si tener un entrenador es demasiado incómodo o demasiado costoso para usted, tome solo las primeras lecciones y obtenga toda la información necesaria del entrenador provisto para que pueda aprender a hacer ejercicio por su cuenta. La mayoría de los gimnasios también ofrecen clases de fitness gratuitas con membresía, que resultan ser más que útiles, enseñándole los métodos de Tae Bo, Pilates, yoga y aeróbicos.

Dado que la timidez es común entre los adolescentes, hay cientos de videos de ejercicios disponibles en línea. Estos siempre son útiles, ya que solo tiene un costo de compra único y todo lo que necesita hacer es establecer un tiempo de actividad física en casa. Recuerde beber mucha agua mientras hace ejercicio en casa. La mayoría de los gimnasios suministran fuentes de agua directamente en las instalaciones, sin embargo, mientras se está en la comodidad del hogar, es fácil olvidarse de mantenerse hidratado. Si lo olvida, el golpe de calor o la deshidratación son efectos secundarios comunes.

No hay que avergonzarse de facilitar su camino hacia un estilo de vida físicamente activo. A veces, es recomendado por un médico, debido a que las necesidades del cuerpo no coinciden con su voluntad, para lanzarse directamente al entrenamiento. Dado que este es el caso, consulte con su médico personal y obtenga su análisis sobre su condición física y continúe desde allí.

Uno de los mejores métodos para mantener este nuevo estilo de vida físico es practicar deportes. No se esconda más de la cancha ... sumérjase y corra de un lado a otro del gimnasio. Esto acelera su frecuencia cardíaca y aumenta sus niveles de resistencia, sin mencionar la pérdida de calorías.

Estos son algunos métodos prácticos sobre cómo los adolescentes pueden perder peso. Recuerde, todo el mundo tiene el potencial de vivir de forma saludable; solo necesitamos un pequeño empujón en la dirección correcta.

Para la gran mayoría de las personas, el aumento de peso es un proceso muy lento y casi imperceptible. La mayoría de nosotros estamos familiarizados con la experiencia de subirse a una báscula y preguntarnos de dónde, exactamente, vinieron esos kilos. Para la mayoría de las personas, el peso proviene de las épocas del año pasado en las que se complacieron. Lo que sucede es que se da un capricho durante una semana o dos (vacaciones, Navidad) y luego vuelve a su estilo de vida normal; no hace nada para perder peso. Entonces, estas pequeñas ganancias de peso permanecen con usted y se acumulan con el tiempo. Por esta razón, a casi cualquier persona le encantaría perder 10 libras en algún momento, y una excelente manera de hacerlo es trotar.

Dependiendo de con quién hable, trotar se considera el mejor ejercicio para perder peso. La razón es que la alta intensidad del trote quema muchas calorías. Si está buscando perder 10 libras, hay cosas mucho peores que podría intentar que trotar media hora varias veces a la semana.

Trotar también es preferible para muchas personas porque incorpora el ejercicio de una manera más interesante: tratar de perder 10 libras yendo al gimnasio 3 veces a la semana no es muy divertido. Sin duda, se sentirá como "trabajo" a medida que cuente los minutos de su entrenamiento. Trotar, por otro lado, no requiere nada más que un par de zapatos y le permite disfrutar del paisaje.

Uno de los problemas que enfrentan las personas cuando intentan perder 10 libras es incorporar el ejercicio en sus rutinas diarias. La mayoría de nosotras estamos lo suficientemente ocupadas y no podemos encontrar el tiempo para ir al gimnasio a intervalos programados. Si está tratando de perder 10 libras, encontrará que trotar es una actividad mucho más flexible.

Si bien trotar es una excelente manera de perder 10 libras y aumentar su nivel de condición física, debe tener en cuenta que es más difícil para el cuerpo que muchas otras actividades físicas. Trotar implica balancear todo el peso repetidamente, por eso es precisamente un buen ejercicio, y esto puede causar tensión en las articulaciones de las rodillas y los pies. También debe tener en cuenta que trotar es una actividad física intensa, por lo que, si comienza desde un nivel muy bajo de condición física, puede ser demasiado y es posible que desee aumentarlo.

Sin embargo, siempre que tenga en cuenta lo anterior, encontrará que trotar es una excelente manera de perder 10 libras. Como beneficio adicional, trotar también se reconoce como una de las mejores formas de mantener el peso, por lo que no tiene que preocuparse por una dieta que recupere todo el peso una vez que se detiene. Y aunque puede estar trotando principalmente para perder esos 10 libras, también estará haciendo maravillas por la salud de su corazón y sistema cardiovascular.

Manejo de programas de pérdida de peso rápida y cirugías para adolescentes

Ser adolescente es difícil, lidiar con todas las presiones sociales y de cosas nuevas que entran en sus vidas, lidiar con el entorno que los rodea.

No solo se ocupan de los cambios corporales, las composiciones hormonales y químicas, sino también los cambios en su vida familiar, la vida social, que, para algunos, es la más compleja de afrontar.

Los adolescentes se adentran en un mundo donde las historias de ostracismo y acoso están lejos de ser ficticias. Dependiendo de su popularidad, las presiones sociales que pesan sobre sus mentes son constantes e implacables.

Debido a esto, el máximo logro en la gran parte de los entornos sociales es ser aceptado por la mayoría, ser popular y, lamentablemente, para ello, el ostracismo implica su apariencia exterior.

Dado que la consideración de su apariencia externa es tan común, se sumergen en las dietas para perder esos kilos que los colocan en su estado impopular. Nadie desea hacer dieta, pero su ansia de aceptación social es mayor que el dolor de rechazar su comida favorita.

Es desde este lugar de inseguridad que se forman los trastornos alimentarios y se exploran las soluciones quirúrgicas. Ambos métodos son dañinos para el cuerpo y, tanto a corto como a largo plazo. Pero, debido a que los adolescentes quieren ver resultados inmediatos, estos se han convertido en solo algunas de las estrategias de pérdida de peso más populares.

El papel de los padres es de gran importancia en este proceso. Son los padres del adolescente quienes les revelan los criterios para tomar buenas decisiones, manteniendo su comprensión y apoyo a su posición social. Lamentablemente, la mayoría de los padres parece oponerse a la toma de decisiones de sus hijos adolescentes en lugar de apoyarlos.

Debido a este hecho, los adolescentes han sido etiquetados como rebeldes e inalcanzables por sus padres. Se cierran a sus tutores e intentan vivir su propia vida, lidiando con sus propios problemas, solos. Al involucrarse en sus vidas, podrá ser testigo de sus acciones, independientemente de si está de acuerdo o en desacuerdo con ellos. Bríndele apoyo y ponga límites a su comportamiento para que no se lastimen. Ser consciente de lo que realmente está sucediendo es clave.

Solo porque no estén de acuerdo con sus recomendaciones, no los evite. Apóyelos en sus decisiones y ayúdelos a buscar el médico quirúrgico adecuado o la siguiente fase de la dieta. Permítales que lo vean sopesar los pros y los contras de cada posibilidad y, quién sabe, tal vez esto los ayude a disuadirlos.

Sus adolescentes pueden tomar decisiones racionales cuando se les da la información adecuada. Deles la capacidad de investigar por sí mismos. Muéstreles diferentes testimonios de éxitos y fracasos, fotografías de las personas que fueron operadas y tuvieron un percance menor o mayor. Revele todos los aspectos, desde todas las perspectivas, y ayúdelos a pensar racionalmente por sí mismos.

Programa gratuito de adelgazamiento para adolescentes

Las celebridades adolescentes han aparecido en revistas como Vogue, subiendo y bajando por sus pasarelas, mostrando los resultados de sus nuevas dietas. Nuestros adolescentes, aún en la etapa más influyente de sus vidas, ven esto y desean el mismo resultado.

Las estrellas hablan de sus nuevos descubrimientos en dietas, pero Lindsey Lohan, Paris Hilton y Hillary Duff no mencionan los costos astronómicos de implementar sus programas de pérdida de peso, de los cuales, para ellos, solo serían un cambio de bolsillo.

Lo crea o no, el programa de pérdida de peso más eficaz puede ser diseñado por usted, en casa, ¡gratis!

Todo afecta a todos de manera diferente, y esto incluye los muchos programas de dieta que están disponibles. Por ejemplo, un programa implementado por alguien que desea perder 30 libras no sería un programa excelente para alguien que necesita perder 50. Asimismo, algunas personas requieren más tono muscular, mientras que otras personas necesitan desesperadamente adaptarse a un estilo de vida físicamente activo.

Antes de que pueda decidir algo, debe determinar su objetivo de pérdida de peso. Internet es una vía de información vasta y eficaz, e incluye algo llamado Índice de masa, un gráfico que muestra el peso saludable por estatura individual. Consulte esto antes de diseñar su programa personal de pérdida de peso.

Una mezcla de ejercicio y dieta

Hacer dieta es complicado, ya que no requiere abandonar ningún aspecto, sino un equilibrio de toda la ingesta diaria. Un equilibrio saludable permitirá que su cuerpo se adapte; sin embargo, un equilibrio no saludable podría ser potencialmente dañino.

El ejercicio también puede ser perjudicial si se hace en exceso, provocando distensión muscular. El equilibrio de una dieta saludable y un programa de ejercicio bien planificado es necesario para su estilo de vida saludable deseado.

Todo en el tiempo

Hacer dieta solo para obtener resultados rápidos está lejos de ser práctico, ya que nunca ayuda en una transformación a largo plazo. Perderá peso con estas dietas de choque, pero a medida que pasa el tiempo, su cuerpo colapsará junto con la dieta, ya que inmediatamente necesitará una gran cantidad de ingesta debido a la falta de nutrientes. Por eso es mejor a largo plazo tener un plan que le permita perder peso a un ritmo constante, en lugar de buscar resultados rápidos.

Su nivel de compromiso

Los dolores del cambio deben superar los dolores de permanecer igual. Averigüe si mantiene el nivel de compromiso requerido para ver a través de este nuevo estilo de vida de una dieta equilibrada y ejercicio. Si no se ve a sí mismo cumpliendo con sus planes, guárdelos para otro día. Solo cuando exista un compromiso se logrará algo.

Manera saludable para que los adolescentes pierdan peso

Cuando su dieta tiene altas cantidades de grasas y azúcares, es inevitable que tenga sobrepeso. Irónicamente, suelen ser aquellos que parecen no poder dejar su adicción habitual por este alimento los que desean resultados rápidos de sus dietas elegidas.

Por ejemplo, la dieta vegetariana es una opción común para obtener resultados inmediatos. El único problema aquí son los adolescentes, cuando se aventuran en el mundo de los verdes y amarillos solo comen vegetales y no carnes, pensando que son la fuente de grasa.

Otro método es beber té de hierbas. Aunque es saludable hacerlo con moderación, el té actúa como un laxante natural, lo que hace que corras al baño con más frecuencia de lo habitual. Esto puede ser estratégico en la mente de los adolescentes para perder peso, pero lo que realmente sucede es sentar las bases para eventuales problemas de colon.

Los anuncios de televisión son muy convincentes para el adolescente. De vez en cuando aparece una nueva dieta en la red de compras que promete una solución de dos semanas para perder esos kilos no deseados.

Dado que estas dietas generalmente tratan con menos calorías en su dieta, un adolescente necesita cada gramo de su ingesta de calorías debido a su crecimiento continuo. Luego, el cuerpo aumentará su requerimiento de ingesta, lo que hará que el adolescente coma más más adelante, causando un shock masivo en el sistema del adolescente.

Este mismo impacto ocurrirá con aquellos que intentan una dieta de hambre.

Vomitar los alimentos ingeridos recientemente es otro método común para perder peso. Esta es una estrategia terrible, peor que la inanición, simplemente por el ácido clorhídrico que se libera y que causa daños en la garganta y los dientes.

¡Sin preocupaciones! Existen métodos seguros para perder peso en la adolescencia. Uno de los primeros pasos más admirables es compartir con amigos y familiares su problema y pedirles que lo ayuden.

Los médicos recomiendan todos los excelentes planes de dieta recomendados. Hay cientos de ellos por ahí, y todos probados y comprobados que funcionan, mientras se enfocan en carbohidratos o proteínas, etc.

Sin embargo, una dieta saludable solo es saludable si se compromete con la actividad física adecuada. Con su médico, elabore un gran plan de ejercicios que complemente su dieta.

Sumérjase en la práctica de deportes, como natación, baloncesto y fútbol. En la adolescencia, su cuerpo todavía está diseñado para soportar una actividad rigurosa.

A pesar de todas las promesas hechas en su red de compras local, no existen formas rápidas de perder peso de manera saludable. Comprométase a una dieta y actividad física constante, y si surge algún desafío, consulte a un profesional capacitado.

Dieta de adelgazamiento rápida para adolescentes

Con el estándar actual de pérdida de peso entre nuestras delgadas celebridades de Hollywood, los adolescentes, que están en su edad influyente, son testigos de esto y desean tener el cuerpo más pequeño posible.

Por supuesto, hay miles de dietas que podrían ser bastante efectivas, sin embargo, debe asegurarse de elegir una dieta que se adapte a sus necesidades, lo que significa que se mantendrá saludable durante y después de que expire su dieta.

A menos que haya nacido en la riqueza y la realeza, la mayoría de las dietas adelgazarán más que solo su cintura. Aunque estas dietas parecen prácticas, la mayoría costará más de lo necesario para ponerlo en la forma de la que está tratando de escapar. Dado que este es el caso, tal vez sea el momento de considerar la posibilidad de inventar su propia dieta.

No existe una dieta, solo un estilo de vida. Un estilo de vida de una ingesta equilibrada y actividad física proporcionará los recursos que su cuerpo necesita para vivir una vida larga y saludable. Los siguientes son solo algunos consejos prácticos sobre cómo crear su propia dieta personal, una que sea saludable para usted.

Ingesta de carne

La carne es una gran fuente de proteínas, útil para ejercitar los músculos; sin embargo, elimine esas carnes rojas y grasas. En su lugar, sumérjase en sus carnes blancas, como pollo o pavo, reduciendo su consumo normal de calorías.

Lo mejor es una dieta afrutada

Todo lo que necesita se puede encontrar en las frutas, ya que eran los alimentos originales del hombre antiguo; todas las fuentes de vitaminas y minerales que necesita se pueden encontrar en nuestras frutas diarias. Solo ciertos tipos de proteínas están exentos, y encuentran una fuente más excelente en las carnes.

Verduras

Puede encontrar fibra, más vitaminas y minerales en sus verdes y amarillos. Comer una comida puramente vegetariana una o dos veces por semana podría ser el boleto hacia un nivel saludable de pérdida de peso.

Recuerde investigar un poco para preparar su comida vegetariana, ya que algunos métodos de cocción tienden a eliminar los beneficios para la salud.

Compromiso con la dieta y la rutina de ejercicios

Comer bien no asegura una victoria en la pérdida de peso; más bien proporciona las herramientas necesarias para lograr la victoria. Ahora debe participar en un tiempo programado de actividad física. Comer bien y comprometerse con una rutina de ejercicios, sin vacilaciones ni excusas, es una excelente manera de abordar su objetivo de pérdida de peso.

La participación de las escuelas en la pérdida de peso de los adolescentes

Si desea ayudar a sus hijos a perder peso, es necesario realizar algunos cambios. Cada vez es más frecuente que leemos y oímos mucho sobre la necesidad de perder peso a diario. Ahora que se reconoce que la obesidad es un problema cada vez mayor, la pérdida de peso, especialmente en los adolescentes, ha cobrado mucha más importancia.

Los niños con sobrepeso han sido producto de un estilo de vida de "comida rápida" al que la mayoría de las familias se han acostumbrado. El consumo diario de hamburguesas y papas fritas, junto con otros complementos, ha facilitado que los adolescentes aumenten de peso y, al mismo tiempo, obtengan menos de los nutrientes esenciales que su cuerpo en crecimiento necesita. Se está convirtiendo en una tendencia malsana que debe abordarse. Por lo general, los padres deben tomar medidas.

Entonces, ¿cuál suele ser la respuesta rápida y fácil para ayudar a los adolescentes y a los adultos a perder peso? La simple combinación de dieta y ejercicio, por supuesto. Casi todo el mundo es consciente de que seguir una dieta saludable y hacer ejercicio de forma regular son claves para perder y mantener un peso saludable. No se requieren nuevas investigaciones antes de poder investigar las causas de la obesidad en los adolescentes. Más que solo la comida rápida, también son las porciones más grandes o el aumento de la inactividad lo que está causando que más adolescentes tengan sobrepeso.

No hay una sola cosa que puedan cambiar fácilmente y hacer que menos personas tengan sobrepeso. Por lo general, una combinación de dieta, ejercicio y otras cosas es la respuesta exitosa a cualquier problema de peso. La gran preocupación radica más en cómo encontrar la motivación para comer de manera más saludable y hacer ejercicio con regularidad. Esta es probablemente la parte más difícil de intentar perder peso. Pero incluso si uno tiene la motivación adecuada para comenzar a comer de manera más saludable y hacer ejercicio con más frecuencia, tratar de mantenerlo se convierte en una tarea aún más difícil.

En el caso de los adolescentes, la motivación adecuada puede provenir de ir a la escuela todos los días. Una institución educativa que practica y predica un estilo de vida saludable sería más que útil para mantener bajo control el peso de los adolescentes e incluso de los niños más pequeños. Las escuelas pueden instituir cambios importantes para brindarles a los niños comidas saludables y ejercicio regular. Pequeños pasos como prohibir los refrescos y las bebidas de frutas pueden ayudar mucho.

Hay muchas formas en que una escuela puede ayudar a los niños en general a ser más saludables. Una es proporcionar requisitos reales de educación física diarios que pueden ayudar a que los niños sean más activos físicamente, un descanso del estilo de vida sedentario al que pueden estar acostumbrados en casa. Una escuela también puede ayudar en un programa de pérdida de peso eficaz para los niños al ofrecer solo alimentos saludables en las comidas escolares. Los alimentos o bocadillos no saludables no deben ofrecerse como una opción para los niños que no quieren comer de manera saludable.

Tener un equipo de ejercicios adecuado disponible para todos los estudiantes puede ser de gran ayuda para motivar a los niños a ser más activos. Dicho equipo debe estar disponible para todos y no solo para aquellos estudiantes que participan en deportes formales. Las escuelas también pueden aumentar la cantidad de deportes informales que los niños pueden practicar.

De esta manera, los niños no tienen que ser miembros del equipo de baloncesto universitario para poder disfrutar jugando al baloncesto en la escuela. De todos estos cambios, el programa para aumentar los requisitos de educación física probablemente será el más útil para ayudar a los niños a alcanzar un peso saludable. Estos programas también pueden ayudarlos a evitar el sobrepeso y ayudar aún más a los niños a desarrollar buenos hábitos que podrían permanecer con ellos hasta la edad adulta.

Complementando la pérdida de peso de los adolescentes

Es cada vez más fácil para los adolescentes aumentar de peso. Hay varias razones que lo hacen posible. Uno de ellos es la popularidad de las cadenas de comida rápida como principal fuente de alimentación diaria para la mayoría de los adolescentes.

Por decir lo menos, el tipo de comida que ofrecen estos establecimientos realmente puede engordar. Y no pueden proporcionar el tipo de nutrición equilibrada que requieren los adolescentes en crecimiento. Pero es triste decirlo, en esta generación de conveniencia y estilo de vida más activo, las cadenas de comida rápida se han convertido en una opción ideal, especialmente para los padres que quizás no encuentren el tiempo para preparar comidas para sus hijos.

Cuando se da cuenta de que su hijo adolescente está engordando y subiendo de peso cada vez más, debe actuar temprano para evitar que empeore. Un adolescente con sobrepeso puede adquirir fácilmente una serie de afecciones potencialmente mortales, como presión arterial alta, diabetes y un mayor riesgo de accidentes cerebrovasculares. La acción temprana por lo general ayudaría a prevenir el desarrollo de tales condiciones en su hijo a medida que crece. Hay una serie de soluciones disponibles para ayudarlo a perder ese exceso de peso.

Puede poner a su hijo adolescente con sobrepeso a dieta para ayudarlo. Una dieta saludable combinada con ejercicio regular es esencial para una forma saludable de perder peso. También puede darle suplementos para bajar algunos kilos. Uno de los suplementos que posiblemente pueda tomar su adolescente es el calcio.

La mayoría de las personas no son conscientes de que las dietas para bajar de peso a veces pueden afectar la cantidad de nutrientes que obtiene el cuerpo. Algunas dietas pueden prometer una rápida pérdida de peso, pero es posible que no proporcionen al cuerpo los nutrientes esenciales que necesita, especialmente los huesos. El calcio y otros nutrientes a veces son escasos durante los períodos de dieta, lo que puede aumentar las posibilidades de desarrollar afecciones como la osteoporosis.

Los padres deben saber que las dietas pueden provocar un bajo suministro de calcio en la adolescencia. Deberían poder proporcionarles a sus hijos una variedad de calcio y otros suplementos para que los jóvenes que hacen dieta sigan recibiendo todos los nutrientes esenciales que necesitan para crecer y desarrollarse.

Y no solo eso, los nutrientes esenciales como el calcio pueden incluso ayudar a su adolescente a perder el exceso de peso. Se han realizado numerosos estudios que muestran que el calcio puede ayudar a reducir la grasa corporal.

La razón de esto es que el calcio es un quemagrasas conocido. Las dietas con una cantidad saludable de calcio parecen favorecer la quema en lugar de almacenar grasa en el cuerpo. El calcio en el cuerpo se almacena en las células grasas y esto juega un papel importante en el almacenamiento y descomposición de la grasa. El calcio puede cambiar la eficacia de la pérdida de peso. Otros estudios han demostrado que las personas que hacen dieta con la mayor ingesta general de calcio experimentan una pérdida de peso mayor, y las personas con la menor ingesta de calcio tienen el mayor porcentaje de grasa corporal.

Cuando se toma en consideración el consumo total de calorías, no solo ayuda a mantener el peso de una persona bajo control, sino que también se puede asociar específicamente con disminuciones sustanciales de la grasa corporal. Una baja ingesta diaria de calcio se asocia con una mayor tendencia a aumentar de peso, especialmente en las adolescentes y mujeres adultas.

Lo que necesita saber sobre la pérdida de peso en los adolescentes

En un mundo donde la belleza física importa, cada vez más personas le dan demasiado énfasis a la apariencia física. Se están interesando, incluso obsesionados, en utilizar tantos productos y servicios que pueden ayudarlos a mejorar su apariencia física.

Hoy en día, uno de los mayores problemas de las personas, especialmente de los adolescentes de todo el mundo, es el sobrepeso o la obesidad. El exceso de peso, causado por comer en exceso y la falta de ejercicio, se está convirtiendo en uno de los problemas, especialmente de los adolescentes, que les hace perder la confianza.

Si usted es un padre que tiene un hijo obeso o con sobrepeso y desea ayudarlo a perder peso de manera segura y eficaz, aquí hay algunos pasos que puede seguir:

1.   Ayude a su hijo a tomar una gran decisión. Bajar de peso es una decisión con la que debe ayudar a su hijo. Lo primero que puede hacer es hablar con su hijo. Pregúntele qué piensa de sí mismo. Si él o ella confiesa que no se siente bien con su apariencia física, entonces es el momento de preguntarle a su hijo qué quiere hacer.

Dele a su hijo sugerencias sobre cómo mejorar. Pregúntele si está dispuesto a perder peso y de recibir ayuda para ello. Una vez que usted y su hijo hayan tomado una decisión, comience a trazar su plan sobre cómo perder peso de manera efectiva, segura y saludable. Además de tomar la decisión principal de adelgazar o no, la decisión también debe incluir la plena participación de ambas partes en la agenda.

Además de asegurarle a su hijo que cuenta con todo su apoyo, también sería una buena decisión si ambos formulan un plan específico sobre cómo abordarán este esfuerzo. La decisión también incluirá los posibles recursos y estrategias que puede utilizar.

2.		Si es posible, intente cambiar juntos sus patrones de alimentación y ejercicio. Si realmente desea ayudar a su hijo a perder peso, debe intentar formular un plan de alimentación y ejercicio que pueda ayudarlo a perderlo de manera eficaz. Un plan eficaz puede incluir comer alimentos bajos en grasa y azúcar junto con una gran cantidad de ejercicio regular.

3. Busque programas de pérdida de peso de apoyo no profesional y utilícelos si puede.

En la actualidad, existen dos programas de pérdida de peso que la mayoría de los expertos recomiendan: el TOPS o Take Off Pounds Sensbly, que es un club de autoayuda que fomenta la participación de padres e hijos, y Weight Watchers. Las estadísticas dicen que la mayoría de las personas que se inscriben en estos programas abandonan incluso antes de que finalice el programa, por lo que es muy importante que los padres guíen a sus hijos para que no se rindan fácilmente.

4.		Pida ayuda a profesionales y expertos que tengan experiencia en terapia cognitivo-conductual. Dado que la obesidad es uno de los principales problemas de los adolescentes, cada vez más psicólogos ofrecen sus servicios para ayudar a las personas con sobrepeso a perderlo.

5.		Envíe a su hijo a campamentos de pérdida de peso de alta calidad o a programas residenciales de pérdida de peso. Bajar de peso puede ser una experiencia traumática para su hijo. Darle un entorno nuevo y fresco para comenzar puede ayudarlo mucho a seguir con el esfuerzo.

Hoy en día, existen muchos campamentos de adelgazamiento creados específicamente para aquellos niños que desearían perder peso lejos de los ojos de las personas que lo observan con entusiasmo y atención. En las primeras semanas de su hijo en esta nueva tarea, es posible que le resulte difícil concentrarse debido a la presión ejercida por las personas y el medio ambiente. Puede ayudarlo si busca un entorno seguro y clínicamente apropiado que pueda ayudarlo a concentrarse en perder peso.

Plan de adelgazamiento para adolescentes

Los estudios han demostrado que hay muchas personas obesas o con sobrepeso. La gente puede culpar a la comida que se sirve en la cafetería o al tipo de comida que se sirve en el local de comida rápida, pero al final, el único culpable es la persona.

Esto se debe a que todos tienen la opción de vivir con un buen plan de dieta o no, y aquellos que pesan demasiado simplemente decidieron comer más de lo permitido.

Afortunadamente, hay una manera de evitar que esto empeore. Hay médicos y dietistas a los que el adolescente puede acudir para ayudar a crear un plan de pérdida de peso.

¿Existe un plan adecuado para cada adolescente? La respuesta es no. Esto dependerá de la condición física del paciente después de que se haya realizado un examen.

Una de las ventajas de perder peso mientras la persona aún es joven es que no existen esas limitaciones en comparación con un adulto. Esto permite que el cuerpo queme calorías mucho más rápido al hacer ejercicio o al practicar un deporte determinado.

Dado que la clase de educación física no es suficiente para obtener esas calorías, el médico puede recomendar que el paciente haga ejercicio en el gimnasio o en el centro juvenil. Estos lugares cuentan con equipos como cintas de correr, pesas y otras instalaciones deportivas que pueden atender el plan de adelgazamiento.

A la mayoría de las personas se les aconseja realizar una actividad física durante 20 minutos tres veces por semana. Los adolescentes tienen mucha energía y no estaría de más hacer esto todos los días. Dado que el cuerpo puede adaptarse a los cambios, el médico puede recomendar algunas variaciones para ayudar a esos kilos de más cada semana.

Las posibilidades de obtener el peso deseado no se producirán si no se controlan los alimentos que se consumen. El dietista también debe elaborar un programa para realizar este trabajo.

El plan dietético básico se llama dieta equilibrada sin tonterías. Esto significa simplemente consumir suficientes carbohidratos, proteínas y grasas en cada comida porque hay muchos que ponen más énfasis en uno u otro.

Tener demasiados carbohidratos podría ser la causa de que alguien tenga sobrepeso. Esto se puede detener siguiendo un plan de dieta baja en carbohidratos donde el paciente tendrá que reducir los carbohidratos y reemplazarlos con alimentos ricos en proteínas y grasas. La gente verá resultados en menos de un mes y solo tendrá que seguir manteniendo el peso ideal.

Otra opción es la dieta baja en calorías en la que el adolescente comerá seis comidas pequeñas al día en lugar de las tres que la gente suele practicar. Esto se distribuye durante diferentes horas del día y está probado que funciona en solo 14 días.

Además de hacer ejercicio y hacer dieta, el plan de pérdida de peso implica descansar lo suficiente. Esto permitirá que el cuerpo se recargue de las actividades del día para estar preparado para los desafíos del mañana.

Los adolescentes con sobrepeso no perderán los kilos de más de la noche a la mañana. El adolescente solo puede hacer que esto suceda siguiendo los consejos del médico con respecto a los alimentos que consume y con el ejercicio adecuado.

Una forma de comprobar la eficacia del plan será subir a la balanza. Si no está funcionando según lo proyectado, tal vez el adolescente pueda solicitar otro plan de pérdida de peso, dado que existen diferentes formas de lograrlo.

Capítulo 4
Alimentos reductores de peso

Si tiene sobrepeso, no es una mala persona. Simplemente tienes sobrepeso. Pero es importante perder los kilos de más para verse bien, sentirse más saludable y desarrollar un sentido de orgullo y autoestima. Una vez que haya perdido la grasa, deberá mantener su peso.

En este libro, descubrirá cómo perder 10 libras por mes, una pérdida agradable y segura de alrededor de dos o dos libras y media a la semana, sin dolor. Se sentirá satisfecho y con más energía que en el pasado sin sentirse privado.

La mayoría de las personas aumentan esos kilos de más comiendo las cosas incorrectas. Cambiar estos malos hábitos alimenticios es la clave del éxito a largo plazo. El conocimiento, junto con la comida adecuada, es la clave.

Cuando los humanos vivían en cuevas, no sabían nada sobre cómo conservar y almacenar alimentos. Pasaron todo su tiempo de vigilia y energía cazando y recolectando comida. Cuando lo tenían, lo devoraban rápido. En lugar de almacenar alimentos en despensas o alacenas, almacenaban energía en sus cuerpos en forma de grasa para quemar durante los períodos en los que había poco o nada para comer.

Cada año, era absolutamente vital para ellos acumular una buena capa de grasa durante los cálidos meses de primavera y verano. Esa era la única forma en que podían garantizar su supervivencia durante los meses de invierno magros y malos.

Y dado que las mujeres daban a luz a las crías, necesitaban más energía para mantenerse a sí mismas y a sus bebés, y eso significaba que por lo general pesaban más.

Aunque ya no vivimos en cuevas, hemos heredado y mantenido este mecanismo básico para el almacenamiento de grasa de nuestros ancestros cazadores y recolectores.

Cada uno de nosotros nace con una cierta cantidad de células grasas. La cantidad de estas células grasas que posee depende de la genética. Si tienes muchas células grasas, tal vez sus antepasados eran las personas más grandes de la tribu, lo cual era bueno porque tenían las mejores posibilidades de sobrevivir.

Nunca puede deshacerse de las células grasas, pero, desafortunadamente, puede agregarlas.

Eso no significa que esté condenado a engordar una vez que gane kilos de más. Es posible encoger las células grasas. Eso es lo que pasa cuando pierdes peso. Quemas la grasa almacenada en esas grandes células grasas. Piense en ellas como globos. Quemar la grasa dentro de ellas tiene el efecto de soltar el aire de un globo.

Un buen programa de pérdida de peso requiere una cierta cantidad de restricción en la ingesta: el consumo de menos calorías. Quema la grasa comiendo menos grasa y volviéndose más activo.

Para garantizar una vida de éxito en el control de peso, debe cambiar el tipo de alimentos que consume, de modo que ingiera menos grasa y siga obteniendo las vitaminas, minerales, oligoelementos, proteínas, grasas y carbohidratos que su cuerpo necesita para prosperar.

Las dietas extremadamente bajas en calorías pueden ayudarlo a perder peso rápidamente, pero a la larga lo llevarán al fracaso.

Eso es porque los humanos están genéticamente protegidos contra el hambre. Durante la escasez de alimentos, nuestros cuerpos ralentizan nuestro metabolismo y queman menos energía para poder seguir con vida.

Una parte de nuestro cerebro llamada hipotálamo nos mantiene en un peso uniforme mediante la creación de un "punto de ajuste". Ese es el peso donde nos sentimos cómodos. El hipotálamo determina este punto en función del nivel de consumo al que está acostumbrado. Busca mantener nuestro peso constante, incluso si ese punto está por encima de lo que debería ser.

Cuando reducimos drásticamente nuestra ingesta de alimentos, el cerebro piensa que el cuerpo se muere de hambre y, en un esfuerzo por preservar la vida, ralentiza el metabolismo. Pronto dejará de bajar los kilos. En consecuencia, nos sentimos hambrientos e incómodos y luego comemos más. Y luego la dieta falla.

¿Cómo se puede compensar esta ralentización metabólica? La respuesta es que debe cambiar la composición nutricional de los alimentos que consume. Tendrá que reducir el total de calorías, eso es absolutamente básico para perder peso. Sin embargo, lo más importante es reducir el porcentaje de calorías totales que obtiene de la grasa.

Así es como evitará el pánico por inanición en su sistema. Al mismo tiempo, reduce la cantidad de grasa en sus alimentos, reemplazándola con alimentos vegetales seguros, bajos en calorías y ricos en nutrientes. Esto convencerá a su cerebro de que su cuerpo está recibiendo toda la nutrición que necesita.

De hecho, podrá comer más alimentos y sentirse más satisfecho mientras consume menos calorías y grasas.

Los alimentos vegetales se descomponen lentamente en el estómago, lo que lo hace sentir satisfecho por más tiempo, y son ricos en vitaminas, minerales, oligoelementos, carbohidratos y proteínas para generar energía y desarrollar músculos. Esto permite que su cuerpo queme el exceso de grasa almacenada.

Alimentos quemagrasas

Está clínicamente probado que cada uno de los siguientes alimentos promueve la pérdida de peso. Estos alimentos van un paso más allá de simplemente no agregar grasa a su sistema: poseen propiedades especiales que agregan energía a su sistema y ayudan a su cuerpo a deshacerse de los kilos que no son saludables. Estos alimentos increíbles pueden suprimir su apetito por la comida chatarra y mantener su cuerpo funcionando sin problemas con combustible limpio y energía eficiente.

Puede incluir estos alimentos en cualquier plan de pérdida de peso sensato. Le dan a su cuerpo el impulso metabólico adicional que necesita para perder peso rápidamente.

Un plan de pérdida de peso sensato requiere no menos de 1200 calorías por día.

El hambre se satisface más completamente llenando el estómago. Onza por onza, los alimentos que se enumeran a continuación lo logran mejor que cualquier otro. Al mismo tiempo, son ricos en nutrientes y poseen talentos especiales para derretir grasas.

Manzanas

Estas maravillas de la naturaleza merecen su reputación por mantener alejado al médico cuando comes una al día. Y ahora, al parecer, también pueden ayudarlo a derretir la grasa.

En primer lugar, elevan los niveles de glucosa (azúcar) en sangre de una manera segura y suave y los mantienen por más tiempo que la mayoría de los alimentos. El efecto práctico de esto es dejarlo satisfecho por más tiempo, dicen los investigadores.

En segundo lugar, son una de las fuentes más ricas en fibra soluble del supermercado. Este tipo de fibra previene los dolores de hambre al protegerse contra cambios peligrosos o caídas en el nivel de azúcar en la sangre, dice el Dr. James Anderson de la Facultad de Medicina de la Universidad de Kentucky.

Una manzana de tamaño medio aporta sólo 81 calorías y no tiene sodio, grasas saturadas ni colesterol. También obtendrá los beneficios adicionales para la salud de reducir el nivel de colesterol que ya se encuentra en la sangre, así como la presión arterial.

Pan de grano entero

No tiene por qué temer al pan. Es la mantequilla, la margarina o el queso crema que le pone lo que engorda, no el pan en sí. Lo diremos tantas veces como sea necesario: la grasa engorda. Si no lo cree, reflexione sobre esto: un gramo de carbohidratos tiene cuatro calorías, un gramo de proteína cuatro y un gramo de grasa nueve. Entonces, ¿cuál de estos engorda realmente?

El pan, una fuente natural de fibra y carbohidratos complejos, está bien para hacer dieta. El científico noruego Dr. Bjarne Jacobsen descubrió que las personas que comen menos de dos rebanadas de pan al día pesan alrededor de 11 libras más que las que comen mucho pan.

Los estudios de la Universidad Estatal de Michigan muestran que algunos panes reducen el apetito. Los investigadores compararon el pan blanco con el pan oscuro con alto contenido de fibra y encontraron que los estudiantes que comían 12 rebanadas al día de pan oscuro con alto contenido de fibra sintieron menos hambre a diario y perdieron cinco libras en dos meses. Otros que comieron pan blanco tenían más hambre, comieron más alimentos que engordaban y no perdieron peso durante este tiempo.

Entonces, la clave es comer panes oscuros, ricos en fibra, como pumpernickel, trigo integral, granos mixtos, avena y otros. La rebanada promedio de pan integral contiene solo de 60 a 70 calorías, es rica en carbohidratos complejos, el mejor y más estable combustible que puede darle a su cuerpo, y ofrece una cantidad sorprendente de proteínas.

Naranja

Hay una buena razón para que este alimento dietético tradicional sea una parte regular de su dieta. Ayuda a disolver la grasa y el colesterol, según el Dr. James Cerd de la Universidad de Florida. Una toronja de tamaño promedio tiene 74 calorías, proporciona la friolera de 15 gramos de pectina (la fibra especial relacionada con la reducción del colesterol y la grasa), tiene un alto contenido de vitamina C y potasio y no contiene grasa ni sodio.

Es rica en ácido galacturónico natural, que se suma a su potencia para combatir las grasas y el colesterol. El beneficio adicional aquí es la asistencia en la batalla contra la aterosclerosis (endurecimiento de las arterias) y el desarrollo de enfermedades cardíacas. Intente espolvorearlo con canela en lugar de azúcar para quitarle algo del sabor agrio.

Mostaza

Pruebe el tipo picante que encontrará en las tiendas de importación asiáticas, tiendas especializadas y abarrotes exóticos. El Dr. Jaya Henry del Instituto Politécnico de Oxford en Inglaterra, descubrió que la cantidad de mostaza picante que normalmente se requiere en las recetas mexicanas, indias y asiáticas, aproximadamente una cucharadita, acelera temporalmente el metabolismo, al igual que la cafeína y la efedrina.

"Pero la mostaza es natural y totalmente segura", dice Henry. "Se puede usar todos los días y realmente funciona. Me sorprendió descubrir que puede acelerar el metabolismo entre un 20 y un 25 por ciento durante varias horas ". Esto puede hacer que el cuerpo queme 45 calorías adicionales por cada 700 consumidas, dice el especialista.

Pimientos

Los chiles picantes entran en la misma categoría que la mostaza picante, dice Henry. Los estudió en las mismas circunstancias que la mostaza y funcionaron igual de bien. Se agregaron solo tres gramos de chiles a una comida que constaba de 766 calorías en total. Las propiedades de aumento del metabolismo de los pimientos funcionaron como un encanto, lo que lleva a lo que Henry llama un efecto térmico inducido por la dieta. No se necesita mucho para crear el efecto.

La mayoría de las recetas de salsa requieren de cuatro a ocho chiles, eso no es mucho.

Los pimientos son sorprendentemente ricos en vitaminas A y C, abundantes en calcio, fósforo, hierro y magnesio, ricos en fibra, libres de grasa, bajos en sodio y solo tienen 24 calorías por taza.

Patatas

Tenemos que estar bromeando, ¿verdad? Equivocado. Las papas han desarrollado la misma reputación de "engordar" que el pan, y es injusto. El Dr. John McDougal, director de la clínica de medicina nutricional del Hospital St. Helena en Deer Park, California, dice: "Un alimento excelente con el que lograr una rápida pérdida de peso es la papa, a 0.6 calorías por gramo o alrededor de 85 calorías por papa. " Una gran fuente de fibra y potasio, reducen el colesterol y protegen contra accidentes cerebrovasculares y enfermedades cardíacas.

La preparación y los aderezos son cruciales. Manténgase alejado de la mantequilla, la leche y la crema agria, o lo arruinará. En su lugar, opte por el yogur.

Arroz

El Dr. William Kempner, de la Universidad de Duke en Durham, Carolina del Norte, desarrolló un plan completo para bajar de peso, llamado simple dieta del arroz. La dieta, que data de la década de 1930, hace del arroz el alimento básico. Se lo puede mezclar gradualmente con varias frutas y verduras.

Produce una impresionante pérdida de peso y resultados médicos. Se ha demostrado que la dieta revierte y cura las dolencias renales y la presión arterial alta.

Una taza de arroz cocido (150 gramos) contiene aproximadamente 178 calorías, aproximadamente un tercio del número de calorías que se encuentran en una cantidad equivalente de carne de res o queso. Y recuerde, el arroz integral es mucho mejor para usted que el arroz blanco.

Sopas

¡La sopa es buena para usted! Quizás no las variedades enlatadas de la tienda, pero la sopa casera pasada de moda promueve la pérdida de peso. Un estudio realizado por el Dr. John Foreyt del Baylor College of Medicine en Houston, Texas, encontró que las personas que hicieron dieta que comieron un plato de sopa antes del almuerzo y la cena perdieron más peso que las personas que no lo hicieron. De hecho, cuanta más sopa comían, más peso perdían. Y los consumidores de sopa tienden a mantener el peso por más tiempo.

Naturalmente, el tipo de sopa que ingiera marca la diferencia. Las sopas de crema o las de ternera o cerdo no son sus mejores opciones. Pero aquí hay una gran receta:

Corte tres cebollas grandes, tres zanahorias, cuatro tallos de apio, un calabacín y una calabaza amarilla. Colocar en una tetera. Agregue tres latas de tomates triturados, dos paquetes de caldo de pollo bajo en sodio, tres latas de agua y una taza de vino blanco (opcional). Agrega estragón, albahaca, orégano, tomillo y ajo en polvo. Hervir, luego hervir a fuego lento durante una hora. Sirve para seis comensales.

Espinacas

Popeye realmente sabía de lo que estaba hablando, según el Dr. Richard Shekelle, epidemiólogo de la Universidad de Texas. La espinaca tiene la capacidad de reducir el colesterol, acelerar el metabolismo y quemar grasas. Rico en hierro, betacaroteno y vitaminas C y E, aporta la mayoría de los nutrientes que necesita.

Tofu

No se puede decir lo suficiente sobre esta comida sana de Asia. También llamada cuajada de soja, es básicamente insípida, por lo que cualquier especia o saborizante que agregue se mezcla muy bien. Un cuadrado de 2½ tiene 86 calorías y nueve gramos de proteína. (Los expertos sugieren una ingesta de alrededor de 40 gramos por día). El tofu contiene calcio y hierro, casi nada de sodio y muy poco de grasa saturada. Hace que su metabolismo funcione a niveles altos e incluso reduce el colesterol. Con diferentes variedades disponibles, los tofus más firmes son ideales para saltear o agregar a sopas y salsas, mientras que los más suaves son buenos para triturar, picar y agregar a ensaladas.

Alimentos potentes

No sería realista pensar que podría perder peso con éxito y disfrutar de lo que está comiendo con un simple puñado de alimentos, sin importar cuán deliciosos, nutritivos y satisfactorios sean. Por lo tanto, agregaremos una lista adicional de alimentos para combatir la grasa que puede comer junto con los excelentes alimentos mencionados en la última sección.

Aportarán diferentes sabores y texturas a cada comida y proporcionarán una amplia gama de vitaminas, minerales, proteínas y otros nutrientes vitales. Naturalmente, cada uno es rico en fibra, bajo en grasas y seguro también en lo que respecta al contenido de sodio.

Muchos tienen el sabor crujiente y el sabor que hemos llegado a desear en bocadillos y alimentos para picar. Si usted es como la mayoría de nosotras, es posible que tenga un verdadero hábito de comer bocadillos de comida chatarra, un hábito que tendrá que cambiar para adelgazar. Muchos de los alimentos de esta sección pueden ser dignos sustitutos.

Cebada

Este grano de relleno se compara favorablemente con el arroz y las patatas. Tiene 170 calorías por taza cocida, niveles respetables de proteína y fibra y relativamente bajo en grasas. Los gladiadores romanos comían este grano con regularidad para fortalecerse y de hecho se quejaban cuando tenían que comer carne.

Los estudios de la Universidad de Wisconsin muestran que la cebada reduce eficazmente el colesterol hasta en un 15 por ciento y tiene poderosos agentes anticancerígenos. Los científicos israelíes dicen que cura el estreñimiento mejor que los laxantes, y eso también puede promover la pérdida de peso.

Úselo como sustituto del arroz en ensaladas, pilaf o relleno, o agréguelo a sopas y guisos. También puedes mezclarlo con arroz para obtener una textura interesante. Molido en harina, hace excelentes panes y muffins.

Frijoles

Los frijoles son una de las mejores fuentes de proteína vegetal. Los guisantes, frijoles y garbanzos se conocen colectivamente como legumbres. Los frijoles más comunes tienen 215 calorías por taza cocida (los frijoles de Lima llegan hasta 260). Tienen la mayor cantidad de proteínas con la menor cantidad de grasa de todos los alimentos, y son ricos en potasio, pero bajos en sodio.

La proteína vegetal está incompleta, lo que significa que debe agregar algo para completarla. Combine los frijoles con un grano integral (arroz, cebada, trigo, maíz) para proporcionar los aminoácidos necesarios para formar una proteína completa. Entonces obtiene la misma proteína de alta calidad que en la carne con solo una fracción de la grasa.

Los estudios en la Universidad de Kentucky y en los Países Bajos muestran que comer frijoles con regularidad puede reducir los niveles de colesterol.

La queja más común sobre los frijoles es que causan gases. A continuación, se explica cómo contener ese problema, según el Departamento de Agricultura de EE. UU. (USDA): antes de cocinar, enjuague los frijoles y elimine las partículas extrañas, póngalo en un hervidor y cúbralo con agua hirviendo, déjelo en remojo durante cuatro horas o más, retire los frijoles que flote hasta la parte superior, luego cocine los frijoles en agua fresca.

Bayas

Este es el alimento perfecto para bajar de peso. Las bayas tienen azúcar de fructosa natural que satisface su anhelo de dulces y suficiente fibra para que absorba menos calorías de las que consume. Investigadores británicos encontraron que el alto contenido de fibra insoluble en frutas, verduras y granos integrales reduce la absorción de calorías de los alimentos lo suficiente como para promover la pérdida de ancho sin obstaculizar la nutrición.

Las bayas son una gran fuente de potasio que puede ayudarlo a controlar la presión arterial. Las moras tienen 74 calorías por taza, los arándanos 81, las frambuesas 60 y las fresas 45. Así que usa tu imaginación y disfruta de la baya que elijas.

Brócoli

El brócoli es la verdura favorita de Estados Unidos, según una encuesta reciente. No es de extrañar. Una taza de brócoli cocido tiene solo 44 calorías. Ofrece una carga nutricional asombrosa y se considera la verdura número uno para combatir el cáncer. No tiene grasa, mucha fibra, químicos que combaten el cáncer llamados indoles, caroteno, 21 veces la dosis diaria recomendada de vitamina C y calcio.

Cuando compre brócoli, preste atención al color. Los floretes diminutos deben ser de un verde intenso y no amarillear. Los tallos deben estar firmes.

Alforfón

Es ideal para panqueques, panes, cereales, sopas o solo como plato de cereales comúnmente llamado kasha. Tiene 155 calorías por taza cocida. La investigación del Instituto de

Ciencias Médicas de la India muestra que las dietas que incluyen trigo sarraceno conducen a una excelente regulación del azúcar en la sangre, resistencia a la diabetes y niveles reducidos de colesterol. Cocine el trigo sarraceno de la misma manera que lo haría con el arroz o la cebada. Ponga a hervir dos o tres tazas de agua, agregue el grano, tape la olla, baje el fuego y cocine a fuego lento durante 20 minutos o hasta que se absorba el agua.

Repollo

Este alimento básico de Europa del Este es una auténtica maravilla. Solo hay 33 calorías en una taza de repollo rallado cocido y conserva todas sus bondades nutricionales sin importar cuánto tiempo lo cocine. Comer repollo crudo (18 calorías por taza rallada), cocido, como chucrut (27 calorías por taza escurrida) o ensalada de col (las calorías dependen del aderezo) solo una vez a la semana es suficiente para proteger contra el cáncer de colon. Y puede ser un alimento que mejore la longevidad. Las encuestas en los Estados Unidos, Grecia y Japón muestran que las personas que comen mucho tienen menos cáncer de colon y las tasas de mortalidad más bajas en general.

Zanahorias

¿Qué lista de alimentos que promueven la salud y que combaten la grasa estaría completa sin el favorito de Bugs Bunny? Una zanahoria de tamaño mediano tiene alrededor de 55 calorías y es una fuente inagotable de nutrición. El color naranja proviene del betacaroteno, un poderoso nutriente que previene el cáncer (provitamina A).

Picarlos y mezclarlos con la pasta, rallarlos en arroz o agregarlos a un sofrito. Combínelos con chirivías, naranjas, pasas, jugo de limón, pollo, papas, brócoli o cordero para crear platos sabrosos. Condimentarlos con estragón, eneldo, canela o nuez moscada. Agregue zanahorias finamente picadas a las sopas y la salsa de espagueti; imparten una dulzura natural sin agregar azúcar.

Pollo

La carne blanca contiene 245 calorías por porción de cuatro onzas y la carne oscura, 285. Es una excelente fuente de proteínas, hierro, niacina y zinc. El pollo sin piel es más saludable, pero la mayoría de los expertos recomiendan esperar hasta después de la cocción para quitarlo porque la piel mantiene la carne húmeda durante la cocción.

Maíz

Es realmente un grano, no una verdura, y es otro alimento que ha tenido una mala reputación. La gente piensa que tiene poco que ofrecer nutricionalmente y eso no es así. Hay 178 calorías en una taza de granos cocidos. Contiene buenas cantidades de hierro, zinc y potasio, y los investigadores de la Universidad de Nebraska dicen que también proporciona proteínas de alta calidad.

Los indios tarahumaras de México comen maíz, frijoles y casi nada más. Virgil Brown, MD, de la Escuela de Medicina Mount Sinai en Nueva York, señala que el colesterol alto en sangre y las enfermedades cardiovasculares son casi inexistentes entre ellos.

Requesón

Mientras hablamos de perder peso y alimentos que combaten la grasa, tenemos que mencionar el requesón.

El requesón bajo en grasa (2%) tiene 205 calorías por taza y es admirablemente bajo en grasa, mientras que proporciona cantidades respetables de calcio y la vitamina B riboflavina. Sazone con especias como eneldo, o vegetales frescos del jardín como cebolletas y cebolletas para darle un toque extra.

Para hacerlo más dulce, agregue pasas o una de las frutas para untar sin azúcar agregada. También puede usar requesón para cocinar, hornear, rellenos y salsas donde de otra manera usaría crema agria o queso crema.

Higos

Los higos ricos en fibra son bajos en calorías a 37 por higo crudo mediano (2,25 diámetro) y 48 por higo seco. Un estudio reciente del USDA demostró que contribuyen a una sensación de saciedad y previenen comer en exceso. Los sujetos en realidad se quejaron de que se les pedía que comieran demasiada comida cuando se alimentaban con una dieta que contenía más higos que una dieta similar con un número idéntico de calorías.

Sírvalos con otras frutas y quesos. O escalfíelos en jugo de frutas y sírvalos calientes o fríos. Puede rellenarlos con queso blanco suave o hacer puré para usarlos como relleno para galletas y pasteles bajos en calorías.

Pescado

Los beneficios para la salud del pescado son mayores de lo que imaginaban los expertos, y siempre lo han considerado un alimento saludable.

El recuento de calorías en una porción promedio de cuatro onzas de un pescado de aguas profundas va desde un mínimo de 90 calorías en el abulón hasta un máximo de 236 en el arenque. El atún envasado en agua, por ejemplo, tiene 154 calorías. Es difícil ganar peso comiendo mariscos.

Ya en 1985, los artículos del New England Journal of Medicine mostraron un vínculo claro entre comer pescado con regularidad y tasas más bajas de enfermedades cardíacas. La razón es que los aceites del pescado diluyen la sangre, reducen la presión arterial y reducen el colesterol.

El Dr. Joel Kremer, del Albany Medical College de Nueva York, descubrió que los suplementos diarios de aceite de pescado brindaban un alivio espectacular a la inflamación y la rigidez de las articulaciones de la artritis reumatoide.

Verduras

Estamos hablando de berza, achicoria, remolacha, col rizada, mostaza, acelgas y hojas de nabo. Todos pertenecen a la misma familia que las espinacas, y esa es una de las súper estrellas. No importa cuánto lo intente, no puede cargar una taza de verduras cocidas con más de 50 calorías.

Están llenos de fibra, cargados de vitaminas A y C y sin grasa. Puedes usarlos en ensaladas, sopas, guisos o cualquier plato donde normalmente usarías espinacas.

kiwi

Este nativo de Nueva Zelanda es un dulce con solo 46 calorías por fruta. Los funcionarios de salud pública chinos elogian la sabrosa fruta por su alto contenido de vitamina C y potasio. Se almacena fácilmente en el refrigerador hasta por un mes. A la mayoría de la gente le gusta pelarla, pero la piel peluda también es comestible.

Puerros

Estos miembros de la familia de las cebollas parecen cebolletas gigantes y son tan saludables y sabrosos como sus primos más conocidos. Se acercan lo más a la falta de calorías con tan solo 32 calorías por taza cocida.

Puede escalfar o asar los puerros a la mitad y luego marinarlos en vinagreta o sazonar con queso Romano, mostaza fina o hierbas. También hacen una buena sopa.

Lechuga

La gente piensa que la lechuga no tiene valor nutricional, pero nada podría estar más lejos de la verdad. No puede dejarlo fuera de sus planes de pérdida de peso, no con 10 calorías por taza de lechuga romana cruda. Proporciona una gran cantidad de relleno por tan pocas calorías. Y también está lleno de vitamina C. Vaya más allá de la lechuga iceberg con las variedades Boston, bibb y cos o pruebe berros, rúcula, achicoria, hojas de diente de león, verdolaga e incluso perejil para animar sus ensaladas.

Melones

¡Ahora, aquí hay un gran sabor y una gran nutrición en un paquete bajo en calorías! Una taza de bolas de melón tiene 62 calorías, una taza de bolas de casaba tiene 44 calorías, y una taza de bolas de sandía tiene 49 calorías. Tienen el contenido de fibra más alto de cualquier alimento y son deliciosos. Agregue grandes cantidades de vitaminas A y C más la friolera de 547 mg de potasio en esa taza de melón, y tendrá un alimento saludable para quemar grasa incomparable.

Avena

Una taza de avena o salvado de avena tiene solo 110 calorías. Y la avena le ayuda a perder peso. Los sujetos del estudio histórico de 12 años del Dr. James Anderson en la Universidad de Kentucky perdieron tres libras en dos meses simplemente agregando 100 gramos (3.5 onzas) de salvado de avena a su ingesta diaria de alimentos y nada más. Simplemente no espere que la avena por sí sola haga milagros, debe comer una dieta balanceada para una salud total.

Cebollas

Sabrosas, aromáticas, económicas y bajas en calorías, las cebollas merecen un lugar habitual en su dieta. Una taza de cebollas crudas picadas tiene solo 60 calorías y una cebolla mediana cruda (2.15 de diámetro) tiene solo 42.

Controlan el colesterol, diluyen la sangre, y pueden tener algún valor para contrarrestar las reacciones alérgicas. Sobre todo, las cebollas saben bien y son buenas para usted.

Hervir parcialmente, pelar y hornear, rociar con aceite de oliva y jugo de limón. O saltearlos en vino blanco y albahaca, luego esparcirlos sobre la pizza. O áselos en jerez y sírvelos sobre pasta.

Pasta

Los italianos tenían razón desde el principio. Una taza de pasta cocida (sin una salsa espesa) tiene solo 155 calorías y se ajusta a la descripción de un alimento básico perfecto centrado en almidón. Un análisis del Instituto Americano de Horneado muestra que la pasta es rica en seis minerales, que incluyen manganeso, hierro, fósforo, cobre, magnesio y zinc. También asegúrese de considerar las pastas de trigo integral, que son aún más saludables.

Patatas dulces

Puede hacer una comida con ellos y no preocuparse por ganar una libra, y seguro que no se alejará de la mesa con hambre. Cada batata tiene alrededor de 103 calorías. Su pulpa cremosa de naranja es una de las mejores fuentes de vitamina A que puedes consumir.

Puede hornearlos, cocinarlos al vapor o en el microondas. O agréguelos a guisos, sopas y muchos otros platos. Condimente con jugo de limón o caldo de verduras en lugar de mantequilla.

Tomates

Un tomate mediano (2.5 de diámetro) tiene solo alrededor de 25 calorías. Estas delicias del jardín son bajas en grasa y sodio, altas en potasio y ricas en fibra.

Una encuesta en la Escuela de Medicina de Harvard encontró que las probabilidades de morir de cáncer son más bajas entre las personas que comen tomates (o fresas) todas las semanas.

Y no pase por alto los tomates enlatados triturados, pelados, enteros o guisados. Hacen que las salsas, guisos y sopas tengan un gran sabor, al tiempo que conservan su bondad nutricional y su estado bajo en calorías. Incluso la salsa de espagueti simple es una ganga para quemar grasa cuando se sirve sobre pasta, así que piense en introducir tomates en su dieta.

Pavo

Dé gracias a esos peregrinos por iniciar la maravillosa tradición del pavo de Acción de Gracias. Da la casualidad de que este alimento saludable disfrazado de carne es bueno durante todo el año para controlar el peso.

Una porción de cuatro onzas de pavo de carne blanca asada tiene 177 calorías y la carne oscura tiene 211.

Lamentablemente, muchas personas aún desconocen la versatilidad y el sabor del pavo molido. Cualquier cosa que pueda hacer una hamburguesa, el pavo molido también lo puede hacer, desde hamburguesas convencionales hasta salsa de espagueti y pastel de carne.

Algunos pavos molidos contienen piel que aumenta ligeramente el contenido de grasa. Si desea mantenerlo realmente magro, opte por la carne de pechuga molida. Pero como esto no tiene grasa adicional, deberá agregar relleno para que las hamburguesas o el pastel de carne se mantengan unidos.

Cuatro onzas de pavo molido tienen aproximadamente 170 calorías y nueve gramos de grasa, aproximadamente lo que encontrarías en 2.5 cucharaditas de mantequilla o margarina. Increíblemente, la misma cantidad de carne molida regular (21% de grasa) tiene 298 calorías y 23 gramos de grasa.

Comprar pavo se ha vuelto fácil. Ya no es necesario comprar un ave entera a menos que lo desee. El pavo molido está disponible fresco o congelado, al igual que las partes individuales de ella, incluidas las baquetas, los muslos, las pechugas y las chuletas.

Yogur

La variedad de yogur natural sin grasa tiene 120 calorías por taza y baja en grasa, 144. Proporciona una gran cantidad de proteínas y, como cualquier alimento lácteo, es rico en calcio y contiene zinc y riboflavina.

El yogur es útil como alimento para el desayuno: corte un plátano y agregue el cereal de su elección.

Puede encontrar formas de usarlo en otros tipos de cocina, salsas, sopas, aderezos, rellenos y untables. Muchos departamentos de utensilios de cocina incluso venden un simple embudo para hacer queso de yogur.

El yogur puede reemplazar las cremas espesas y la leche entera en una amplia variedad de platos, lo que ahorra un montón de grasas y calorías.

Puede sustituir la mitad o todos los ingredientes con alto contenido de grasa. Ser creativo. Por ejemplo, combine yogur, ajo en polvo, jugo de limón, una pizca de pimienta y salsa Worcestershire y úselo para cubrir una papa al horno en lugar de apilar crema agria cargada de grasa.

Los supermercados y las tiendas naturistas venden una variedad de yogures, muchos con fruta y azúcar añadidos. Para controlar las calorías y el contenido de grasa, compre yogur natural sin grasa y agregue fruta usted mismo. La mantequilla de manzana o las frutas para untar con poca o ninguna azúcar agregada son una excelente manera de convertir el yogur natural en un delicioso dulce.

Capítulo 5
Estilo vegetariano

Si ha comido carne toda su vida, cambiar a una dieta vegetariana podría ser algo a lo que podría ser difícil adoptar. También puede preguntarse por qué debería considerar cambiar. Muchas personas piensan que han estado comiendo de esta manera toda su vida, así que ¿por qué cambiar ahora?

Hay muchas razones por las que podría decidir cambiar a una dieta vegetariana. En primer lugar, mirarse en el espejo. La mayoría de los estadounidenses no tienen un peso saludable y esta puede ser la razón número uno para cambiar. Además, algunas preguntas:

- Estás en tu peso saludable?

- ¿Te sientes bien la mayor parte del tiempo?
- ¿Te despiertas con energía? ¿O cansado y lento?

- ¿Cómo está tu salud en general?

- ¿Está su presión arterial en un rango saludable?

- ¿Son normales sus niveles de colesterol y azúcar en sangre?

Si encuentra que "no" es la respuesta a la mayoría de estas preguntas, entonces debe considerar lo que está comiendo a diario. Si descubre que se siente peor después de comer, es posible que se pregunte si se supone que la comida le hará sentir así.

La respuesta es no. Su comida debe nutrir y alimentar su cuerpo. Debería dejarlo sintiéndose renovado y con energía. El cuerpo es una máquina y necesita un buen combustible. El hecho es que la mayoría de las personas tienen sobrepeso y son obesas. Esto es porque comemos demasiada carne y demasiada grasa. Problemas como el nivel alto de azúcar en sangre, la diabetes tipo II, el colesterol alto y otros problemas relacionados con la salud son causados por nuestra dieta. Todos estos problemas se pueden prevenir cambiándola. Este libro le mostrará cómo hacer eso y la diferencia que puede hacer por usted comer vegetariano en un corto período de tiempo.

Usted es lo que come

Cualesquiera que sean sus razones para volverse vegetariano, hay cuatro tipos diferentes de vegetarianos y puede elegir el tipo que desea ser. Hay muchos tipos diferentes de vegetarianos, ya que algunas personas no pueden renunciar por completo a todos los productos de origen animal. Los cuatro tipos son:

• Lacto Vegetarianos: Esta dieta no contiene productos de origen animal ni huevos. Consumen productos lácteos como leche, queso y yogur.

• Ovo-vegetarianos: Esta dieta no consiste en animales ni lácteos, pero comen huevos.

• Vegetarianos Lacto-Ovo: Esta dieta no consiste en productos de origen animal, pero comen lácteos y huevos.

• Vegano: Esta dieta consta de alimentos de origen vegetal, lo que significa que excluye todos los productos animales, incluidos los lácteos, los huevos, la carne e incluso la miel.

Si no ha descubierto qué tipo de vegetariano va a ser, está bien. Se necesita tiempo y experimentación con diferentes recetas para descubrir qué es lo que no puede vivir sin en su dieta. Por ejemplo, algunas personas no pueden vivir sin leche y huevos.

Realmente eres lo que comes

La expresión "eres lo que comes" se ha escuchado en numerosas ocasiones y se utiliza a menudo en anuncios. Pero, si realmente piensa en lo que esto significa, realmente comenzará a pensar dos veces en su dieta.

Un buen ejemplo de una persona que es lo que come se puede ver en el plasma sanguíneo. Su plasma sanguíneo es un líquido transparente, pero después de comer una hamburguesa de comida rápida, su plasma sanguíneo se vuelve turbio con grasa y colesterol. Esto es lo que su cuerpo absorbe después de comer una hamburguesa rica en grasas.

A la inversa, también te conviertes en lo que no comes. Cuando pasa de comer mucha carne a una dieta vegetariana, pierde grasa. También es menos propenso a sufrir diversos tipos de cáncer y enfermedades. Su colesterol también puede mejorar. Cuando está delgado y come menos productos cárnicos, descubre que muchos de sus problemas de salud y estado físico desaparecen. También se reduce el riesgo de diabetes tipo II. La presión arterial también cae dentro de rangos normales. Cuando esté más saludable, tendrá que tomar menos medicamentos.

Si tiene antecedentes familiares de colesterol alto o presión arterial, entonces depende particularmente de lo que come y es más fácil para usted convertirse en lo que come. Avanzar hacia una dieta vegetariana puede reducir la incidencia de numerosas enfermedades. Los vegetarianos también son estadísticamente más saludables.

¿Qué comieron nuestros antepasados?

¿Alguna vez se ha preguntado qué comían nuestros antepasados y cuánto nos hemos desviado en nuestros hábitos alimenticios? Originalmente, nuestros antepasados eran cazadores-recolectores y no omnívoros. No comieron animales. Cuando miras a los depredadores y animales carnívoros, puedes ver que tienen dientes diseñados para rasgar y rasgar. Sus dientes no están diseñados para masticar. Los animales que están diseñados para masticar como los herbívoros tienen dientes planos que están diseñados para descomponer los alimentos.

Los humanos evolucionaron a partir de criaturas vegetarianas. Los sistemas digestivos no fueron diseñados para comer y digerir carne. Comer carne es un desarrollo bastante reciente en la historia de la humanidad. Se cree que los humanos comenzaron a comer carne porque no podían encontrar los alimentos naturales que estaban acostumbrados a comer. Podrían haber asumido que comer carne les ayudaría a sostener su cuerpo.

Inicialmente, éramos similares a criaturas que evolucionaron a partir de animales como los simios herbívoros. Estos simios se parecían al hombre y caminaban erguidos con los brazos y las manos. Naturalmente, buscaban comida y comían raíces, bayas, frutas y nueces. También vivieron momento a momento en constante búsqueda de comida. Cazar requiere pensar y comer carne requiere fuego. Hasta que se descubrió el fuego, el hombre comía principalmente verduras y frutas. La alimentación vegetariana es una forma natural de alimentación y mucho más saludable.

¿Por qué los humanos empezaron a comer carne?

La necesidad es la madre de la invención y los hombres prehistóricos que vivían en áreas heladas comían todo lo que podían para sobrevivir. El hombre prehistórico tuvo que comer carne para sobrevivir. Esta sería la primera vez que comían carne. Esto cambió para siempre la forma de comer y la salud de las personas.

La primera carne que se comió habría sido cocinada con fuego que fue provocado naturalmente por incendios forestales naturales. Sin fuego, posiblemente también hubieran comido carne cruda. Lo más probable es que el sistema digestivo se rebelara a comer carne cruda, pero a medida que se adaptaron, la carne se convirtió en parte de sus dietas regulares.

Es posible que haya oído hablar de personas que han vivido una vida vegetariana durante un largo período de tiempo y luego se enfermaron gravemente. Esto es similar a lo que habrían pasado los hombres prehistóricos. Los biólogos te dirán que en realidad no estamos diseñados para digerir la carne, pero que nos hemos adaptado a ella con el tiempo.

La tradición de comer carne

A medida que el hombre se desarrolló, comenzó a comer más y más carne. Esto llevó a familias enteras a comer carne como parte principal de su comida y así comenzó la tradición de comer carne. El pavo se convirtió en el alimento básico de la cena de Acción de Gracias. El Año Nuevo siempre se ha asociado con la carne de cerdo y el chucrut. El jamón es la comida tradicional de Semana Santa. En verano, no puedes esperar a oler la barbacoa en el aire. Al pensar en toda la carne que consumimos, es difícil creer que fuimos diseñados para vivir de verduras, frutas, nueces y bayas.

Cuando los humanos tuvieron que comenzar a comer carne para sobrevivir, se convirtió en un evento grupal. Un indio no pudo salir a cazar un búfalo solo. Se necesitaron al menos cuatro personas para cazar un búfalo. Lo mismo es cierto para una variedad de otros animales que cazamos y comimos. La carne se convirtió en el centro de atención y fueron necesarios varios miembros de la familia o tribu para limpiar, cocinar e incluso secar la carne. Una vez terminado el trabajo, la carne se compartió como recompensa por el trabajo duro.

Ahora, no tenemos que cazar nuestra carne, pero la compramos. Todavía disfrutamos de reunirnos y celebrar con un jamón, porque esto está arraigado en nuestra naturaleza a partir de miles de años de tradiciones. Todas las celebraciones tienden a girar en torno a algún tipo de alimento, pero imagina cuáles serían tus opciones si dejáramos la carne e imagina cuánto más saludables podrían ser nuestras comidas.

Si reconoce que podría sentirse mucho mejor consigo mismo si pudiera comer de manera más saludable, entonces esa debería ser una razón suficiente para cambiar o al menos disminuir la cantidad de carne que come. No tiene que hacer un cambio completo. Claro, algunas personas disfrutan de un buen vaso de leche fría y es posible que lo necesiten para asegurarse de que reciben el calcio y la vitamina D adecuados. Si cree que no puede dejar la carne por completo, simplemente puede hacer que su carne sea más un acompañamiento al plato principal y comer verduras más saludables. Se sorprenderá de la diferencia que hará.

Vegetarianismo y bienestar animal

Muchos vegetarianos lo son no solo porque se dan cuenta de que es saludable, sino también por el bienestar de los animales. Para muchas personas, ser vegetariano es parte de una decisión moral y ética de no comer productos de origen animal. A lo largo de los muchos siglos que hemos domesticado animales, hemos llegado a creer que somos superiores a ellos. Usamos animales para una amplia variedad de usos además de la comida, como ropa, zapatos, cinturones y abrigos. También se han utilizado para experimentos científicos, aunque muchas empresas están intentando alejarse de este tipo de pruebas.

PETA

PETA significa Personas por el Trato Ético de los Animales. Esta es una organización que se dedica a cambiar la mentalidad de las personas cuando se trata de animales. Están en contra del uso de animales para cualquier cosa, desde comida hasta ropa, y están particularmente en contra de la captura de pieles.

PETA es extremadamente apasionada por su causa, casi hasta el punto de ser indignante. Sin embargo, su causa es noble en el sentido de que creen que los animales tienen derechos y merecen que se tome en consideración sus mejores intereses. Buscan que las personas se den cuenta de que los animales pueden sufrir y que tienen interés en llevar sus propias vidas como animales. Creen que, como sociedad, debemos reevaluar nuestro lugar en la tierra y dónde encajamos con los demás habitantes animales del mundo.

Animales y hormonas de crecimiento

En un esfuerzo por producir más animales a un ritmo mayor para el consumo humano, muchos animales han sido tratados con hormonas de crecimiento para que puedan ser criados y sacrificados a un ritmo acelerado. Al mismo tiempo, esto nos lleva a considerar cómo se crían y tratan estos animales para este propósito.

El hecho es que si muchas personas vieran la forma en que estos animales fueron criados, se convertirían en vegetarianos en el acto. Por ejemplo, las gallinas ponedoras a menudo se crían en seis por jaula. Cada pollo solo recibe alrededor de 67 pulgadas cuadradas de espacio. Estos pollos también se tratan generalmente con hormonas de crecimiento y antibióticos para aumentar la tasa de crecimiento y disminuir la enfermedad. Los pollos orgánicos certificados y criados en libertad pueden recibir condiciones más espaciosas y no se les alimentan con hormonas ni antibióticos.

Esto nos lleva a otro punto. Después de manipular pollos, se sugiere que use lejía para limpiar las superficies y eliminar las bacterias. Además, el pollo debe cocinarse a ciertas temperaturas y durante un cierto período de tiempo para asegurarse de que no contraiga ninguna enfermedad transmitida por los alimentos. No parece prudente comer nada que deba manipularse con tanto cuidado.

De los pollos, puede pasar fácilmente a cómo se trata al ganado. Primero debe considerar el ganado lechero. El ganado lechero a menudo recibe hormonas que estimulan sus procesos reproductivos para que continúe produciendo leche. Una vaca solo producirá leche después de haber parido. A menudo viven en condiciones de hacinamiento y tan pronto como dan a luz, los terneros machos se envían a convertirse en terneros, mientras que las hembras se crían para producir leche. Las hormonas que reciben las vacas hacen que la vaca produzca diez veces más leche de la que normalmente producirían. Al mismo tiempo, están conectados a bombas eléctricas, que provocan irritación en las ubres de las vacas.

Después de cierta edad, realmente no necesitamos consumir leche. Al mismo tiempo, no estamos diseñados para beber leche de vaca, sino leche materna. No ordeñamos mujeres embarazadas, ¿verdad? Así como nuestros cuerpos no fueron diseñados para comer leche, tampoco fuimos diseñados para beber leche de vaca y digerir esas proteínas. Puede recibir tanto y más calcio de las verduras de hoja verde.

Muchas personas, incluso aquellas que comen carne con regularidad, han visto negativamente a la industria de la carne de ternera. La industria de la carne de ternera es cruel sin importar quién sea y cómo se mire. Los terneros se toman de sus madres después de que tienen aproximadamente un día de edad. Luego se mantienen en bolígrafos que les impiden moverse para que su tejido muscular se mantenga suave y sensible. A continuación, se alimenta a los terneros con un líquido, que a menudo contiene cerveza, que es deficiente en hierro y fibra. Esto provoca anemia en el animal y produce la carne pálida. Aproximadamente a las 20 semanas, se sacrifica el ternero.

Los pavos también se producen de manera inhumana. El consumo de pavo se ha vuelto muy popular en las últimas décadas y se consume más que solo en las vacaciones. Los pavos son aves más agresivas, por lo que se mantienen en un área cerrada y oscura para desalentar su comportamiento agresivo. Luego se les sobrealimenta hasta que sus piernas no pueden soportar el peso de su cuerpo. Esto se debe a que los estadounidenses quieren la pechuga de pavo más grande que puedan obtener para sus celebraciones navideñas. Natural y salvajemente, un pavo puede vivir hasta 10 años.

Estos pavos se sacrifican a los 2 años de edad. También sufren deformidades en los pies y las piernas, estrés por calor e inanición. Aproximadamente 2,7 millones de pavos mueren cada año debido al estrés anormal y la enfermedad de este proceso.

Muchas religiones no comen carne de cerdo por sus diversas razones y algunas personas que consumen carne tampoco se preocupan por ella. Los cerdos se crían en condiciones insalubres similares. De hecho, muchos granjeros y trabajadores de granjas porcinas han muerto por respirar el gas metano que se produce a partir de la inmensa cantidad de desechos que producen los cerdos en las granjas porcinas. Los cerdos también son sobrealimentados y guardados en jaulas.

Tienen un rango de movimiento limitado que no se adapta a sus comportamientos naturales. También pueden ser alimentados con hormonas de crecimiento y antibióticos. Los cerdos tienen comportamientos de enraizamiento naturales y el cautiverio en el que viven no les permite vivir de forma natural.

Los mariscos pueden formar parte de una dieta saludable. El pescado contiene muchos nutrientes que no obtenemos de otras carnes. Contiene una proteína de alta calidad, nutrientes esenciales, ácidos grasos omega-3 y es bajo en grasas saturadas. Sin embargo, comer pescado también tiene sus daños. El pescado a menudo contiene mercurio. Por lo general, estos niveles no son lo suficientemente malos como para hacernos daño, pero la Administración de Alimentos y Medicamentos (FDA) y la Agencia de Protección Ambiental (EPA) recomiendan a las mujeres, especialmente a las embarazadas y a los niños pequeños, que eviten ciertos tipos de pescados y mariscos. Esto se debe a que algunos pescados tienen altos niveles de mercurio que no son seguros para el consumo de estas personas. Eliminar el pescado de su dieta suele ser el último paso para lograr una dieta vegetariana completa.

Vegetarianismo y efectos sobre la salud

Quedará absolutamente asombrado de la diferencia que siente cuando deja de comer carne durante un corto período de tiempo. Es como si su cuerpo empezara a liberarse instantáneamente de todas las toxinas que ha estado consumiendo e inmediatamente comienza a sentirse con más energía y a tener una mejor sensación de salud en general.

No importa cuáles sean sus razones para llevar una dieta más vegetariana, los beneficios para la salud que se derivan se harán evidentes en muy poco tiempo. Los vegetarianos tienden a tener menos grasas en sangre, colesterol y triglicéridos que los que comen carne de una edad y estado similar. Incluso aquellos vegetarianos que consumen huevos y leche ven rápidamente que su colesterol es más bajo que las personas que comen carne.

Cardiopatía

Los niveles altos de grasas en sangre se asocian con un mayor riesgo de enfermedad cardíaca. Los investigadores han descubierto que los hombres que comen carne seis o más veces por semana duplican sus posibilidades de desarrollar una enfermedad cardíaca. Los hombres de mediana edad tienen más probabilidades de sufrir ataques cardíacos fatales. Las mujeres están protegidas por sus hormonas durante la mayor parte de su vida, pero las mujeres mayores son propensas a desarrollar enfermedades cardíacas en el futuro. Se ha demostrado que las mujeres mayores que son vegetarianas tienen un menor riesgo de enfermedad cardíaca.

En 1982, investigadores británicos realizaron un estudio sobre más de 10.000 vegetarianos y carnívoros. Descubrieron que cuanta más carne se consumía, mayor era el riesgo de infarto. También encontraron que, al eliminar la carne de su dieta, estaban reduciendo el consumo de grasas y colesterol que son dañinos para el corazón. Al mismo tiempo, sin embargo, debe tener cuidado de no compensar el hecho de no comer carne consumiendo demasiada leche y huevos, ya que esto puede anular los beneficios. Para obtener todos los beneficios del vegetarianismo, la ingesta de queso crema, helado, queso duro y huevos debe ser moderada. La introducción de más verduras, frutas y alimentos crudos mejorará sus beneficios.

Cáncer

También se ha demostrado que el vegetarianismo reduce la incidencia de ciertos tipos de cáncer. Estas dietas son bajas en grasas saturadas, altas en fibra y contienen fitoquímicos que protegen del cáncer. Varios estudios grandes tanto en Inglaterra como en Alemania han demostrado que los vegetarianos, en comparación con los consumidores de carne, tienen un 40% menos de posibilidades de desarrollar cáncer en comparación con los consumidores de carne. Los adventistas del séptimo día son en gran parte vegetarianos lacto-ovo, se sabe que tienen un riesgo reducido de cáncer porque tienden a evitar la carne. En China, se ha descubierto que tienen tasas de cáncer de mama reducidas similares debido a la cantidad de verduras que comen. Por el contrario, las mujeres japonesas tienden a comer más carne y tienen ocho veces más probabilidades de desarrollar cáncer de mama.

El consumo de carne y lácteos se ha relacionado con varios otros tipos de cáncer que incluyen:

* Cáncer de colon
* Cancer de prostata
* Cáncer de ovarios

En estudios realizados por Harvard en varios miles de mujeres, se ha encontrado que aquellas que consumen carne con regularidad aumentan sus posibilidades de cáncer de colon en un 300%. Estas dietas altas en grasas que muchas personas consumen también hacen que el cuerpo produzca un exceso de estrógeno. Este aumento se ha relacionado con una mayor probabilidad para el cáncer de mama. También han descubierto que las tasas de cáncer de mama son un tercio más altas en mujeres premenopáusicas que consumen principalmente dietas de carne.

La Universidad de Cambridge también ha relacionado las dietas cárnicas con altos niveles de grasas saturadas con el cáncer de mama. Han relacionado los productos lácteos con un mayor riesgo de cáncer de ovario, ya que el proceso de descomposición de la lactosa puede dañar los ovarios. En los hombres, el agrandamiento de la próstata se ha relacionado con el consumo de carne y el riesgo se triplica.

Otros estudios también han relacionado un aumento en la producción de glóbulos blancos con el vegetarianismo. Estas células son necesarias para defenderse de bacterias, infecciones y enfermedades. Por lo tanto, el sistema inmunológico es más fuerte cuando se consume una dieta vegetariana.

Digestión mejorada

Los vegetarianos ven una gran mejora en sus sistemas digestivos porque pueden crear un ambiente saludable y natural para estos órganos. Nuestro sistema digestivo fue diseñado originalmente para consumir más materia vegetal en lugar de carne. Las frutas, verduras, legumbres y nueces eran el alimento básico de la dieta prehistórica y su sistema digestivo se beneficia enormemente cuando regresa a este tipo de dieta natural. La dieta occidental se ha cambiado drásticamente para incluir alimentos altamente procesados y productos de harina y azúcar refinados. Esto ha provocado una variedad de problemas de salud, desde enfermedades cardíacas hasta obesidad.

Cuando el cuerpo no se alimenta adecuadamente y el sistema digestivo no funciona correctamente, el cuerpo comienza a adaptarse. Comienza a realizar cambios en las células del estómago y el colon. Cuando no consumimos suficiente fibra, incurrimos en una variedad de problemas que incluyen estreñimiento y hemorroides. Estos problemas normalmente no se observan en una dieta vegetariana.

Peso

El peso es un gran problema en este país y, si lo piensa, ¿alguna vez ha visto a un vegetariano gordo? Lo más probable es que no lo haya hecho. De hecho, la mayoría de los vegetarianos son delgados y saludables. Siempre que consulte a un dietista o nutricionista, lo más probable es que le indique que aumente la ingesta de verduras y disminuya la cantidad de carne que consume, especialmente carnes rojas y cerdo. Muchos vegetarianos que reanudan sus antiguas dietas han descubierto que el peso que perdieron tiende a volver. Su fuerza de voluntad no es suficiente para evitar la aparición de peso al comer una dieta alta en grasas a base de carne.

Usted es naturalmente más saludable y se siente mejor cuando consume una dieta rica en fibra dietética, que se consume a partir de verduras y frutas. Como vegetariano, esencialmente está alimentando a su cuerpo con la nutrición que necesita para proporcionarle energía útil, no energía que debe almacenarse. Simplemente se sientes mejor por esto.

Muchas dietas fallan porque nos obligamos a evitar los alimentos que nos gustan. Esto solo conduce a la tentación de comer esos alimentos. El truco para ser un vegetariano exitoso es darse cuenta de que no necesita comer carne y que puede prescindir de ella. Está concentrado en comer más sano y olvida que está intentando adelgazar. De hecho, comienza a perder peso sin darse cuenta, simplemente porque ha eliminado su principal fuente de grasa y la insalubridad general. Al mismo tiempo, todos los efectos negativos para la salud desaparecen gracias a su dieta saludable y natural.

Riñones

Las dietas ricas en proteínas animales tienden a hacer que el cuerpo excrete más calcio, ácido úrico y oxalatos. Estas son tres sustancias que son los componentes principales de los cálculos renales. Para aquellas personas que tienen tendencia a los cálculos renales, los investigadores británicos han aconsejado que estas personas sigan una dieta vegetariana.

La Academia Estadounidense de Médicos de Familia también ha confirmado que el alto consumo de proteínas animales también es la causa de los cálculos renales en los EE. UU. Al comer una dieta vegetariana, su cuerpo no secreta tantas de estas sustancias, por lo tanto, no forma cálculos renales.

Osteoporosis

Por muchas de las mismas razones por las que podemos reducir el riesgo de cálculos renales siguiendo una dieta vegetariana, también podemos reducir nuestras posibilidades de padecer osteoporosis. Comer carne en realidad puede promover la pérdida ósea porque expulsa el calcio del cuerpo. En muchas naciones donde las verduras son la base de su dieta, la osteoporosis es menos común que en países desarrollados como Estados Unidos. Y el calcio se consume menos en los EE. UU.

Por lo tanto, con nuestras dietas de comer carne nos vemos obligados a consumir también suplementos de calcio y medicamentos recetados para prevenir la aparición de la osteoporosis. Estos suplementos también pueden tener efectos secundarios drásticos. Muchos expertos en nutrición coinciden en que los suplementos de calcio que se compran en las farmacias son inferiores al calcio que se obtiene de fuentes alimenticias naturales. Por lo general, esto se debe a que el cuerpo no los absorbe bien.

Hay varias buenas fuentes de calcio que incluyen:

* Zumo de naranja
* Frijoles secos
* Verduras de hoja oscura
* tofu

Desintoxicación

A muchas personas les ha gustado hacer dietas detox de fin de semana y programas similares. ¿Sabías que no tienes que hacer esto si eres vegetariano?

Limpiar el cuerpo de toxinas dañinas es fácil si sigue una dieta vegetariana. No está consumiendo todas las hormonas de crecimiento y antibióticos que obtiene de la carne que compra en el supermercado. La gente realmente no se da cuenta de que obtienen estas toxinas de su dieta carnívora. Una dieta rica en grasas y procesada tiende a ralentizar la digestión de los alimentos y esto permite que su cuerpo absorba y acumule las toxinas de este tipo de dieta.

Las bacterias y toxinas que se acumulan en su sistema también pueden crear una sensación de lentitud. También hay una variedad de trastornos digestivos, como colitis y trastornos del intestino irritable que también pueden desarrollarse. Cuando comes una dieta vegetariana saludable, introduces fibra dietética en tu dieta y tu sistema digestivo comienza a funcionar mejor de repente.

Cuando eliminas la carne de tu dieta, tu cuerpo se libera del intenso trabajo que se necesita para digerir ese tipo de alimentos. Todo parece aclararse y funcionar mejor. También se vuelve más consciente de la toxicidad de los alimentos que comía antes.

Los productos químicos y las toxinas en nuestros alimentos se han convertido en una gran preocupación en los EE. UU. Cada vez se agregan más productos químicos y conservantes a nuestros alimentos. Ingerimos estos productos cada vez que comemos alimentos procesados, alimentos refinados y varias otras hormonas y antibióticos que recibimos a través de nuestra carne. Debido a esto, se desarrollan una variedad de otros problemas a su paso, que incluyen:

* Cáncer
* Enfermedad cardiovascular
* Artritis
* Diabetes
* Obesidad
* Problemas de la piel
* Dolores de cabeza
* Fatiga
* Esfuerzos
* Tos
* Problemas gastrointestinales
* Sistemas inmunológicos débiles

Haciendo el cambio

Si está considerando hacer el cambio a una dieta vegetariana, probablemente querrá transmitir sus nuevos conocimientos nutricionales a su familia. De hecho, como padre probablemente desee asegurarse de que su familia reciba la mejor nutrición posible. También les ayuda a aprender por qué es importante comer sano.

Hacer el cambio con una familia puede ser difícil porque los niños se sienten aún más tentados de los diversos restaurantes de comida rápida y comerciales por bocadillos en la televisión. ¡Es muy difícil hacer que las verduras se vean bien sobre nuggets de pollo y un juguete gratis!

Tienes que cambiar lentamente tu dieta y la de tu familia. Todo comienza en la tienda de comestibles. En lugar de galletas, compre manzanas, plátanos, zanahorias y otros bocadillos sabrosos. Cambie el arroz blanco por arroz integral saludable. También desea evitar las guarniciones procesadas. Reduzca lentamente las porciones de carne y aumente el número de verduras y cereales. Si tiene niños pequeños, es mucho más fácil hacer este cambio. Puedes enseñarles desde pequeños que las aceitunas son buenos bocadillos y que los melocotones son buenos postres. Aprenderán a amar estos alimentos y ni siquiera sabrán sobre el resto de la comida chatarra que hay. El verdadero desafío vendrá cuando sus hijos estén en la escuela y tengan que aprender a tomar decisiones saludables.

La idea es cambiar gradualmente para que sea más fácil para usted y su familia. Muchos niños cambiarán simplemente porque les digas que están salvando la vida de los animales. Los niños son muy comprensivos y no es inusual que los niños se conviertan en vegetarianos por su propia voluntad simplemente porque no quieren comer animales.

Es posible que sus hijos no se den cuenta ahora, pero les está haciendo un gran favor que les durará toda la vida. La obesidad infantil se encuentra en niveles epidémicos en los EE. UU. Y usted estará preparando a sus hijos para un estilo de vida saludable enseñándoles cómo comer saludablemente ahora.

Cosas que necesitas para empezar a cocinar al estilo vegetariano

Utilizará el mismo tipo de suministros de cocina que ya utiliza. Sin embargo, es posible que deba romper la licuadora y el procesador de alimentos si no los usa con regularidad.

También hay varios ingredientes y alimentos nuevos que incorporará a su dieta, que incluyen:

Frutas
• Uvas
• Melón

- manzana
- Hongos
- Palta
- Tomates
- Naranjas
- Brócoli
- kiwi
- Papa

Vegetales
- Batata
- Pimientos
- Pepino
- Cebolla
- Apio
- Tomate
- Ciruela
- Zanahoria
- Repollo
- Banana

Claras de huevo, leche de soja y lácteos (a menos que los abandone)
- Claras de huevo
- Leche
- La leche de vaca
- Leche de soja
- Queso lácteo
- Queso de soja
- Yogur

Salsas y Aceites
- Aceite de oliva

- Vinagre de arroz
- Aceite de sésamo tostado

- Aceite de cacahuete
- Tamari (salsa de soja japonesa)
- Aceite de chile picante

Condimentos
- Pimienta negra
- Polvo de curry
- Mostaza de Dijon
- Ajo fresco
- Jengibre fresco
- Sal marina

Fideos y arroz
- Fideos de arroz
- Fideos de soba
- Arroz basmati integral

Semillas de nuez
- Almendras
- Anacardos
- Miseria
- Semillas de sésamo

Hierbas especias
- Anís
- Albahaca
- pimienta de cayena
- Chile en polvo
- Canela
- Cilantro
- Comino
- eneldo
- Polvo de ajo

- Nuez moscada
- Orégano
- Pimenton
- Hojuelas de chile rojo
- Romero
- sabio
- Tomillo
- Semillas de girasol

Legumbres
- Frijoles negros
- Garbanzos
- Lentejas (rojas, verdes y marrones)
- Guisantes partidos (amarillo y verde)
- Frijoles

Otros
- Leche de coco
- Levadura nutricional
- Sirope de arce puro
- Azúcar sin refinar sin refinar

Desayuno

El desayuno es una comida importante que muchas personas se saltan. El hecho es que, si come al menos sus tres comidas básicas al día, en realidad perderá peso, si ese es su objetivo. Además, no tiene por qué ser aburrido y el vegetariano tiene algunas opciones sabrosas.

Granola de manzana y canela

Ingredientes

- 4 tazas de avena
- 1 taza de germen de trigo
- 1 cucharadita canela molida
- Pizca de nuez moscada
- ½ taza de nueces finamente picadas
- ½ taza de miel
- 2 cucharadas. Aceite de girasol
- 1 taza de manzanas secas, finamente picadas
- ½ taza de pasas

Precaliente el horno a 275 grados Fahrenheit. En un tazón grande, mezcle la avena, el germen de trigo, la canela, la nuez moscada y las nueces. En un recipiente aparte, mezcle la miel y el aceite de girasol y rocíe sobre la mezcla. Mezcle, revolviendo constantemente, hasta que la mezcla de avena esté cubierta uniformemente con miel y aceite. Engrase ligeramente una bandeja para hornear grande y extienda la mezcla sobre la sartén. Hornee por 30 minutos, revolviendo cada 10 minutos. Una vez que la granola se dore, retírala del horno y déjala enfriar. Prepare frascos para colocar la granola lista. Una vez fría, agregue las manzanas secas y las pasas y transfiera la mezcla a los frascos. Almacene en un lugar seco.

Rinde 6 tazas.

Crepes simples

Ingredientes

- 3 huevos
- ¾ taza + 2 cdas. Harina para todo uso

- 1 ½ tazas de leche
- 1 cucharada. Azúcar granulada
- 1 cucharada. Aceite vegetal
- Pizca de sal
- 1 cucharadita manteca
- Nata montada, para el relleno
- Unos puñados de fresas, enjuagadas sin tallos y cortadas por la mitad
- Unos puñados de frambuesas, enjuagadas y escurridas.
- Unos puñados de arándanos, enjuagados y escurridos.

Combine los huevos, la harina, la leche, el azúcar, el aceite y la sal en una licuadora o procesador de alimentos. Mezclar hasta que esté suave. Transfiera la masa a un tazón para mezclar, cubra y reserve en el refrigerador durante al menos 30 minutos. Agrega la mantequilla en una sartén antiadherente a fuego medio-alto. Una vez que la mantequilla se haya derretido, agregue ¼ de taza de la masa en la sartén y gírelo para cubrir todo el fondo de la sartén. Cocine hasta que la crepe se dore ligeramente, aproximadamente 1 o 2 minutos. Dar la vuelta y cocinar el segundo lado hasta que esté ligeramente dorado. Transfiera a platos y rocíe una línea de crema batida por el medio. Espolvorea tu fruta. Dobla los lados suavemente para hacer un cilindro.

Rinde de 8 a 12 crepes

Tortilla de verduras

Ingredientes

- 2 huevos
- 3 cucharadas Leche
- Gran pizca de sal

- Gran pizca de pimienta negra
- 1 cucharada. Manteca
- ¼ c. pimiento verde
- ¼ c. pimiento rojo
- ¼ c. cebolla
- Queso rallado al gusto (opcional)

En un tazón mediano, bata los huevos, la sal, la pimienta, el pimiento verde y rojo y la cebolla con un tenedor. No haga sobre mezcla. Derrita la mantequilla en una sartén de 7 a 8 pulgadas a fuego medio-alto. Asegúrate de que la mantequilla cubra la base de la sartén. Cuando haya desaparecido la espuma, vierta la mezcla de huevo. Incline la sartén para asegurarse de que el huevo cubra toda la base de la sartén. Deje reposar los huevos durante 45 segundos antes de voltearlos. Haz lo mismo en el otro lado. Una vez hecho esto, transfiera a un plato y espolvoree con queso.

Batidos

Los batidos son geniales y muy saludables. Puedes tomarlos como bocadillos o beberlos con tu brunch.

Batidos de desayuno

Ingredientes

- 1 ½ tazas de yogur natural sin grasa
- 3 a 4 plátanos
- 3 tazas de fresas, sin tallos y picadas
- ¼ taza de leche de soja
- 2 cucharadas. Cariño
- 1 taza de hielo

Mezcle los ingredientes en la licuadora uno a la vez y sirva.

Batido de plátano y yogur

Ingredientes

- 1 plátano maduro, en rodajas finas
- 1 taza de yogur natural o de vainilla bajo en grasa
- ¾ taza de leche descremada

Reserva dos o tres rodajas de plátano y coloca el resto del plátano en la licuadora. Agrega el yogur y la leche. Licue hasta que quede suave y decore con trozos adicionales de plátano y una pizca de canela.

Batido de mango

Ingredientes

- 1 mango, pelado y picado
- 1 plátano pelado
- 3 cucharadas Yogur
- 1 cucharadita cariño
- ½ cucharadita canela
- 4 cubos de hielo

Agregue los ingredientes a la licuadora uno a la vez y haga puré hasta que quede suave.

Batido de pera

Ingredientes

- 3 peras
- ½ pulgada de jengibre fresco
- 3 cucharadas Yogur fresco
- ½ cucharadita canela
- 4 cubos de hielo

Exprima gradualmente la pera, el jengibre y la canela juntos. Transfiera a la licuadora y agregue el yogur y el hielo. Mezclar hasta que esté suave.

Aperitivos y guarniciones

Estos son excelentes acompañamientos para una comida saludable o un aperitivo. ¡Incluso podría querer uno para un bocadillo!

Bruschetta de tomate especial

Ingredientes

- 4 panecillos
- 4 dientes de ajo
- 2 cucharadas. Manteca
- 1 cucharada. Albahaca picada
- 4 tomates grandes
- 1 cucharada. Pasta de tomate
- 8 aceitunas negras, sin hueso y cortadas por la mitad
- 1 onza de queso mozzarella, rebanado
- Sal y pimienta para probar
- 1 cucharada. Aceite de oliva

- 2 cucharaditas jugo de limón o vinagre balsámico
- 1 cucharadita miel clara
- Hojas de albahaca para decorar

Coloque los rollos en la tabla de cortar y córtelos por la mitad. Transfiera a un horno tostador o al horno para que se doren y estén crujientes. Precaliente el horno a 300 grados Fahrenheit. Coloque la mantequilla, el ajo y la albahaca picada en un tazón pequeño y revuelva hasta que se combinen. Una vez que los panecillos estén tostados, coloque la mezcla de ajo en cada mitad.

Vierta agua hirviendo en un tazón grande, corte una pequeña cruz en la base de cada tomate y colóquelo en agua hirviendo. Después de que los tomates se ablanden, retire y pele la pulpa de los tomates. Una vez que se quita la carne, picar en cuadrados pequeños. Vierta los tomates cortados en cubitos, el tomate al ritmo y las aceitunas en un tazón y mezcle. Vierta sobre los panecillos.

En un recipiente aparte, mezcle el aceite de oliva, el jugo de limón y la miel. Rocíe la mezcla sobre los panecillos cubiertos de tomate y coloque las rodajas de mozzarella en la parte superior. Espolvorear con sal y pimienta. Coloque los panecillos en una bandeja para hornear y colóquelos en el horno. Derretir el queso durante unos 2 minutos.

Transfiera los rollos a una fuente o bandeja y decore con hojas de albahaca.

Rollitos de primavera

Ingredientes para rollitos de primavera

* ¾ taza de fideos de arroz partidos
* 6 hongos shitake frescos
* ½ taza de zanahorias, rebanadas
* 1 taza de bok choy, en rodajas finas
* 1 taza de cebolla verde, rebanada
* 2 cucharadas. Cilantro picado
* sal y pimienta molida al gusto
* 2 cucharadas. Salsa de soja
* ½ cucharadita azúcar granulada
* 1 cucharadita aceite de sésamo
* 2 cucharaditas jengibre fresco picado
* Ocho pieles de rollitos de primavera cuadradas de 8 pulgadas
* 3 cucharadas Harina para todo uso
* ¼ de taza de agua
* 4 tazas de aceite vegetal

Ingredientes para Ensalada

* 1 taza de rábano daikon, rebanado
* 1 taza de zanahorias en rodajas
* 4 cebollas verdes, rebanadas
* ½ taza de cebolla morada, rebanada
* 1 taza de pepino en rodajas, jugo exprimido

Ingredientes para aderezo

* 2 cucharadas. Vinagre de arroz condimentado
* 1 cucharada. Salsa de soja

- ½ cucharadita aceite de sésamo

Coloque los fideos y los champiñones en tazones individuales y cúbralos con agua caliente. Tape los tazones y déjelos reposar durante 20 minutos. Una vez que los fideos y los champiñones se hayan empapado, transfiéralos al colador y escurra. Transfiera a un tazón grande. Escurra los champiñones también y transfiéralos a una tabla de cortar. Retire y deseche los tallos y corte las cabezas de los hongos en rodajas finas. Agregue en un tazón grande con los fideos.

Agregue las zanahorias, el bok choy, la cebolla verde y el cilantro en el tazón de fideos y champiñones y mezcle. Espolvoree sal, pimienta y revuelva la mezcla para combinar. Cubra y reserve.

Vierta la salsa de soja, el azúcar, el aceite de sésamo y el jengibre fresco en un tazón pequeño. Revuelva la mezcla para combinar bien. Cubra y reserve.

Separe con cuidado las pieles de los rollitos de primavera y colóquelas sobre una superficie plana y limpia. Con una cuchara pequeña, coloque ¼ de taza de la mezcla de fideos y verduras en el tercio superior de cada piel. Enrolle una vez y luego tome los dos extremos y dóblelos y continúe enrollando las pieles hacia adelante hasta que forme un cilindro. Batir la harina y el agua en un tazón hasta que estén bien combinados. Con una brocha de repostería pequeña, cubra el rollito de primavera con la mezcla de harina y agua suficiente para sellar los bordes. Repita con todos los rollos.

En un wok, caliente un poco de aceite vegetal a fuego medio-alto. Una vez que el wok y el aceite estén calientes, agregue los rollitos de primavera en 3 a la vez. Freír hasta que estén doradas. Transfiera a una rejilla con papel toalla para escurrir.

Para hacer la ensalada, coloque el rábano, la zanahoria, las cebollas verdes y rojas y el pepino en un tazón y mezcle. En un recipiente aparte, vierta el vinagre, la salsa de soja y el aceite de sésamo. Batir hasta que se mezcle. Una vez que los rollitos de primavera estén escurridos, colóquelos en una tabla de cortar y córtelos por la mitad en ángulo, sirva 3 mitades en los platos de pie con los extremos cortados hacia arriba. Adorne con ensalada alrededor de los panecillos.

Platos principales

Pizza de pita

Ingredientes

*   ¼ de cucharadita aceite de oliva
*   ½ cebolla pequeña, pelada, picada y cortada en cubitos
*   1 diente de ajo pelado y picado
*   ¼ de cucharadita Orégano seco
*   ¼ de cucharadita albahaca seca
*   ¼ de cucharadita hojuelas de pimiento rojo triturado
*   1 vida de bahía
*   ½ taza de tomates pelados enteros enlatados, picados en trozos grandes
*   ½ taza de pasta de tomate
*   2 panes de pita de trigo integral
*   ½ pimiento amarillo, sin semillas ni membranas, cortado en tiras finas
*   1/8 taza de hojas tiernas de espinaca, picadas en trozos finos
*   ½ taza de queso mozzarella rallado
*   Albahaca fresca, en rodajas finas para decorar

Precaliente el horno a 350 grados Fahrenheit. A fuego medio, caliente el aceite en una sartén. Agregue la cebolla y el ajo, revolviendo ocasionalmente para que no se quemen. Cocine durante unos 4 minutos hasta que ambos estén dorados. Espolvoree orégano, albahaca, hojuelas de pimiento rojo y laurel. Mezcle las especias. Agregue los tomates pelados y la pasta de tomate, aumente a fuego alto. Una vez que hierva, baje el fuego a medio-bajo y deje que la mezcla hierva a fuego lento hasta que la salsa esté espesa. Coloca las pizzas en bandejas para hornear. Divida la salsa entre las pitas, dejando un borde de costra. Espolvoree queso mozzarella encima. Hornee en el horno durante 20-25 minutos.

Fideos Chinos con Vegetales Surtidos

Ingredientes para salsa

- 1 cucharadita Harina de maíz
- 1 taza de caldo de verduras
- 2 cucharadas. Salsa de soja
- 2 cucharadas. Vino de arroz
- 1 cucharadita sal
- 1 cucharadita azúcar

Fideos

- 12 onzas. fideos de huevo

Salteado de vegetales

- 3 cucharadas Aceite de girasol
- 1 diente de ajo finamente picado

- 1 pulgada de raíz de jengibre fresca, rallada
- 2 chalotas, finamente picadas
- ¼ de taza de champiñones, en rodajas finas
- Paquete de 250 g de Pak Choi, en rodajas
- ½ taza de brotes de soja
- 2 zanahorias, cortadas en palitos de fósforo

En un tazón mediano, disuelva la harina de maíz con una pequeña cantidad de caldo de verduras en agua caliente. Una vez disuelto, vierta la salsa de soja, el vino de arroz, la sal y el azúcar. Batir hasta que esté bien combinado o hasta que el azúcar se disuelva.

Ponga a hervir una olla grande de agua y agregue los fideos. Cocine hasta que esté tierno. Transfiera a un colador, escurra adecuadamente y coloque en una olla. Reservar y mantener caliente hasta que esté listo para servir.

Coloque un wok o sartén grande a fuego medio-alto y agregue aceite de girasol. Una vez que el aceite esté caliente, agregue el ajo picado, la raíz de jengibre y las chalotas. Deje sofreír durante unos segundos. Agregue los champiñones, el pak choi, los brotes de soja y las zanahorias y saltee durante 1 a 2 minutos. Rocíe la salsa y continúe salteando hasta que la salsa espese. Divida los fideos en platos para servir separados y cubra con la mezcla de verduras.

#########